大学生创新创业教育模式新模式研究

黎　博　曾依依　唐星星 **著**

中国原子能出版社

图书在版编目（CIP）数据

大学生创新创业教育模式新模式研究 / 黎博，曾依依，唐星星著. --北京：中国原子能出版社，2023.4

ISBN 978-7-5221-2674-6

Ⅰ．①大…　Ⅱ．①黎…②曾…③唐…　Ⅲ．①大学生–创造教育–研究　Ⅳ．①G640

中国国家版本馆 CIP 数据核字（2023）第 072375 号

大学生创新创业教育模式新模式研究

出版发行	中国原子能出版社（北京市海淀区阜成路 43 号　100048）
责任编辑	白皎玮
责任印制	赵　明
印　　刷	北京天恒嘉业印刷有限公司
经　　销	全国新华书店
开　　本	787 mm×1092 mm　1/16
印　　张	10.75
字　　数	210 千字
版　　次	2023 年 4 月第 1 版　2023 年 4 月第 1 次印刷
书　　号	ISBN 978-7-5221-2674-6　　定　价　76.00 元

前　言

    在大众创业、万众创新的"双创"洪流中，在高等教育大众化带来的大学生就业难的时代背景、创新驱动发展的国家战略背景、深化创新创业教育改革成为高等教育综合改革的重要抓手和有力推手的前提下，加强和改进大学生创业教育，培育大学生群体的创业精神、创业意识，培训大学生投身创业实践所必备的创业技能，成为高等院校和整个社会必须重视和着手的工作。

    目前，大学生创业问题主要有三个方面：一是有没有创新的能力，二是有没有创业的基金，三是怎样面对创业的困难、挫折与失败。许多大学生创业的心理素质比较差，他们既不能充分评估创业的风险，又难以承受失败的打击。更为严重的是，大学生普遍缺乏创业意识和创业能力，诸如管理领导才能、开拓创新能力和艰苦创业精神等。这些能力的培养无疑对传统教育提出了挑战。创业教育的目的旨在不断提高学生的综合素质，增强学生的创新意识、创造精神和创造能力。大学生创业教育的实施需要高等院校进行教育教学的变革，适应并促进创业教育的开展。高等教育是人类社会发展的产物，其产生源于社会需要，其发展依赖于社会需要。当社会需要发生变化时，高等教育必须顺应社会需要的变化而变化。

    本书在撰写过程中，参考了部分学者的专著、论文等相关文献资料，在此一并致谢！由于编辑时间仓促，作者水平有限，本著作难免存在不足之处，恳请广大读者批评指正。

目 录

第一章 创新创业研究与实践现状概述

第一节 时代呼吁创新创业

一、释放压力的有效途径——创新创业

在就业压力日益严重的社会背景下，扩大就业已成为社会和谐、稳定和可持续发展的重大课题，也成为各级政府重要的执政目标。解决就业的结构性矛盾，需要全社会的参与和全方位的深化改革，要坚持市场导向，国家和市场应发挥好各自的作用。治本之道在于加快转变经济发展方式，使发展主要依靠科技进步、劳动者素质提高、管理创新转变；同时深化高校教育改革，通过用人机制、保障机制、评价机制等全方位的社会改革大力推行职业培训和创新创业，全面提升劳动者职业素质和就业能力，扩大就业，提高就业质量。

面对就业难的问题，除了扩大就业外，其根本出路在于创业。国家最近出台多项有关鼓励创业的政策。如国务院发布的《关于进一步做好新形势下就业创业工作的意见》，当中提及，要"整合发展高校毕业生就业创业基金""高校毕业生等重点群体创办个体工商户、个人独资企业的，可依法享受税收减免政策"等。随后，国务院公布了《国务院办公厅关于深化高等学校创新创业改革的实施意见》，从健全创新创业课程体系、创新人才培养机制、改进创业指导服务等 9 个方面来促进大学生创新创业。

社会呼唤着创业者，而创业者需要长期、悉心的培养与系统的理论指导。我国的大学必须对学生进行系统化的创新创业教育，这是保障国民经济具有强大的活力和社会稳定、快速发展的要求，是中华民族的百年大计，也是大学的应有之义。特别需要指出的是，在下岗职工与新增城镇就业人员、大学毕业生、农村富余劳动力和军转人员四大群体中，唯一的创业优势群体是大学毕业生，他们是最具有潜力的创业群体，理应承担扩大就业机会的重任。大学不应成为社会负担的增压器，而应成为社会压力的减压阀。

开展大学创新创业研究，是进一步推动我国大学创新创业尽快步入科学、快速、健康的发展轨道的要求，同时也是拓展我国大学教育理念，构建与时俱进的大学教育理念体系，更好地发挥大学教育理论对新时期大学教育实践的指导作用的要求。可是，在当前大学教育主管部门价值评价、社会舆论导向、学子和家长的期盼等方面都聚焦在提高学生的就业率上。这种价值的引导和我国大学传统的知识本位价值观的局限，使得我国大学的创新创业还处在零星的意识或者感性的直觉层面，没有上升到系统化的理念与理论高度。这就导致大学对创业学和创新创业研究的匮乏，对学生的创新意识、创业精神、创业知识、创业能力的培养没有进行系统的安排，大学生作为创业者所应具有的识别与抵御风险、环境适应、全局性思维、系统化管理、战略规划以及综合运用知识的能力欠缺，他们创新的理性精神、对创业过程的科学认知和践行的知识准备不足。这已成为制约大学生创业发展的瓶颈，也成为中国经济快速、稳定、长期发展的障碍因素。

这就要求我国大学必须在创新创业的理念、理论和实践研究上有所突破，践行创新创业方面的使命，培养和指导大批的学生，使他们在大学毕业以后能成为我国所急需的理性的创业者。这也是促进大学由知识教育向创新创业，再向创业型大学转变的重要手段与途径。

因此，高等学校应在科学的创新创业理念的引导下，将大学生的创业精神、创业知识和创业技能教育作为高等教育的基本目标之一。毕业生将不仅是求职者，而且是工作岗位的创造者。由他们来承担为社会弱势群体提供"饭碗"的重任，这不仅是当前我国社会稳定、协调之需，也是保证我国政治安全和社会公正之要举。

二、创新创业之路亟须教育教学实践与高校办学理念的改革创新

（一）教育教学实践的改革创新

1. 教育教学的深化改革

创新创业之路首先需要对教育教学进行深化改革，坚持学生为本、教学优先的基本要求，完善教学协调和管理机制，推动各种资源优先向教育教学一线倾斜。改革第一步即是创新教育教学方法，推进信息技术在教学中的广泛应用，建立健全师生互动、教学相长的制度保障，鼓励教师在教学中突出启发性、灵活性、探究性和创造性，努力培养学生的批判性思维和创新能力。同时，必须切实强化实践教学环节，增加实践教学比重，整合各类实践教学资源，加强课程教材、实验室和校内外实训基地建设。思维能力、创新能力与实践能力的养成是实现创新创业的先决条件。

此外，应当建设高校教学联盟，打破学校之间、专业模块之间的壁垒，推进跨专业、跨学科、跨学校的学分互认，使学生能最大限度地自主安排学习时间和内容。并鼓励高校之间开展跨校选课、学分互认和学生相互访学，鼓励高校实施主辅修制、双专业制、学生导师制，促进学校全面发展。配合实施学分制和弹性学制，各高校要在课程设置、学籍管理、教学管理、学生管理等诸多方面进行配套改革，探索建立相应的服务支撑体系。要提供必要的政策支持，积极推动高校加入国际组织和协会，与国际高等教育专业认证制度接轨，实现国际间的学历相互认可。跨专业、跨学科、跨学校的教学模式可以帮助学生拓宽发展领域，完善自身知识体系，为创新创业积累资本。

2. 多元化人才培养机制的建立健全

创新创业之路需要多元化人才培养机制的支持和保障。首先是创新产学研合作育人机制，积极推进科教结合协同育人，把优秀科研人员、先进实验室、前沿科研项目等优质资源引入高校的育人过程中，鼓励学生特别是专、本科学生及早参与课题研究、走进实验室，真正实现科技与教育的强强联合、资源共享和优势互补。除加强产学研合作育人，还须加强大学生创新创业教育，与地方政府科技产业园校企合作，鼓励企业通过自主立项资助高校开展大学生创新创业训练计划。完善创新创业教育运行保障机制，形成"专业教育＋创新创业教育"深度融合的人才培养模式。同时要健全大学生创新创业教育成果孵化和转化机制、创新创业学分积累与转换的教学管理机制；完善大学生创新创业教育教学评价体系；健全大学生创新创业训练计划实施办法，遴选建设一批大学生创新创业实践教育中心和校企合作教育基地，支持大学生积极参与科学研究、技术开发和社会实践等创新创业活动。

（二）高校办学理念的改革创新——高度重视创新驱动服务地方

当前众多国家纷纷将教育视为"立国之本"，将科技视为"强国之路"。美国正在积极推动再工业化，欧洲正在大力推进以工业智能化为主要特征的"工业 4.0"，我国也针对国民经济主体的制造业及时提出了《中国制造 2025》，党中央、国务院出台了《关于深化体制机制改革加快实施创新驱动发展战略的若干意见》，全球新一轮科技革命和产业变革浪潮风起云涌。科研领域不断拓展，学科交叉融合不断加速，区域化、集群化、网络化的创新模式不断涌现。江苏省委省政府明确提出并大力实施创新驱动发展战略，深入推进科技创新工程，加快建设创新性省份。高校要充分认识创新驱动发展战略的本质内涵，利用高校科技人才优势，以科技创新培育新的增长点，健全创新体系、加大创新投入、提升创新能力、提高创新效率，积极发挥高校科技在创新驱动发展中的重要作用。

第二节　创新创业的研究背景

一、国际上的创新创业研究

　　培养学生的创新创业能力、开展创新创业教育在国外一些发达国家早已开始，并在很短的时间内风靡全球，被多个国家的教育界所推崇。美国是最早在学校培养学生创业能力的国家。早在 1919 年，美国的青年商业社便对高中生实施商业实践教育。1947 年，哈佛大学商学院开出美国大学第一门创新创业课程。20 世纪 80 年代，以比尔·盖茨为代表的创业者掀起一场"创业革命"，美国高校的创业教育迅速发展。1979 年有 127 所高校开设本科创新创业课程，2005 年已增至 1 600 多所。1970 年美国第一次创业学术会议就在普渡大学召开，42 位专家主要围绕创业成功案例进行交流，代表性的案例主要是麻省理工学院的分拆公司、硅谷的启示等，内容也涉及大学在促进创业发展中的作用。

　　此外，1973 年第一届创业研究国际会议在加拿大的多伦多举行，来自波士顿大学、得克萨斯州大学、卡耐基梅隆大学和密歇根大学的学者们就创业的案例研究与大学的创新创业的双向互动关系进行阐述。1974 年，在美国管理学会的年会期间组建了"创业研究兴趣团体"。1980 年在贝勒大学召开了"第一届当前创业研究发展水平研讨会"，此后，该研讨会每五年召开一次。1981 年美国百森商学院开始举办"百森创业研究年会"，佐治亚理工学院、沃顿商学院、圣路易斯大学、匹兹堡大学、华盛顿大学和伦敦商学院逐次成为该年会的协办者。1987 年美国管理学会将创业研究作为一个分领域正式纳入了管理学科。

　　联合国教科文组织于 20 世纪 80 年代末首次提出创新创业的教育理念，并于 1989—1998 年召开数次关于世界高等教育如何面向 21 世纪的大型会议。会议强调高校要给学生发"第三本护照"：创业能力护照，因为学位≠工作；要培养学生创业技能与主动精神，毕业生将不仅是求职者，而且是工作岗位的创造者。该理念自提出以来常做更新，置于不同地域、不同时段，都有其不同的时代特色。目前，创新创业课程已成为美、日高校的必修、辅修或培训重点科目。美国有近 400 所大学至少开设一门创新创业学课程，包括哈佛大学、斯坦福大学、宾夕法尼亚大学等一流研究型大学。日本高校创新创业课程是必修课，已经形成了完备的创新创业课程体系。

　　对于创新创业的理论研究，国际上也已产生诸多较为成熟的研究成果和看法。被美国誉为从事创业学教育的领袖人物杰弗里·蒂蒙斯教授有很多独到的研究成果。他在创业管理、新企业创建、创业融资、风险投资、创新性课程开发等方面进行了系统的研究，并在百森商学院全面推行。其特点是：第一，以前瞻的教育理念来应对正在发生的"创业一代的兴起与传统产业的衰退这场静悄悄的大变革"；第二，以系统的课程设计来培养学生的创业能力，课程体系包括战略与商业机会、创业者、资源需求与商业计划、创业企业融资和快速成长五部分；第三，通过"以问题为中心"和大量案例分析的鲜活教学方式来促使学生们积极思考；第四，促成企业为学生创造模拟创业实践的机会。蒂蒙斯提出了创业过程模型：① 创业过程依赖于机会、创业团队和资源这三个要素的匹配和平衡；② 创业过程是一开始就进行的连续的寻求平衡的行为。而威克姆的创业模型则包括：① 创业活动包括创业者、机会、组织和资源四个要素；② 创业者任务的本质就是有效处理机会、资源和组织之间的关系，是一个不断学习的过程。美国的戴维·西尔弗提出创业资本定律 $V = P \times S \times E$（V＝实现的价值；P＝解决的问题；S＝解决办法的合适度；E＝创业小组的素质），他以该定律为基础具体探讨了创业投资的目标：通过选择一个潜在的成功企业家以及他或她的合作者"E"，去创造财富或实现高价值"V"，这些成功的企业家已经确定了一个重大问题"P"，并且已经创造了一个他们打算通过一个新公司来加以解决的绝妙解决办法"S"。日本索尼集团总裁盛田昭夫提出"空隙理论"：填补市场空隙就可以创造出意外的事业，教育也是这样，填补创新创业的空隙就可以创造出意想不到的效果。克雷森认为，欧盟必须像美国那样大大提高创业和创新精神，创造适宜的环境，使科学家、企业家、金融家和咨询家达到发展和结晶的"熔点"。20 世纪 90 年代以后，美国、加拿大等国的创新创业，正在由注重个人的能力培养转向注重团队、公司、行业和社会。强调创业是一种管理风格，它不仅在创办新企业时需要，大企业、非营利机构同样需要。但是，在其他国家和地区，对创新创业的认识还驻留在对个人的培养层面。澳大利亚教育委员会、就业和培训组织以及青年事务管理部门等组织主要从对个体意识、品质和技能的培养方面来理解创新创业。他们认为，创新创业是一种直接指向培养年轻人能力、技巧和革新性、创造性、开创性等个性品质的教育。它不仅能够帮助年轻人成功地把握生活和工作中的各种机会，还能够帮助年轻人为自己工作。德国大学校长会议和全德雇主协会在 1998 年联合发起一项名为"独立精神"的倡议，呼吁高等学校成为"创业者的熔炉"。印度的《国家教育政策》明确要求培养学生"自我就业所需要的态度、知识和技能"。

二、国内的创新创业研究

（一）国家、政府对创新创业空前重视

1998 年，我国正式将创新创业确定为教育改革的重要内容，同时国家颁布的《关

于深化教育改革全面推进素质教育的决定》中提出：高校开展创新创业是高等教育教育方法和教育方式的改革与创新，实施创新创业不仅是缓解目前毕业生就业压力的权宜之计，更重要的是通过创新创业培养了大学生的综合素质水平和适应社会发展的创新意识与能力。1999 年 1 月，我国高等教育领域在公布的《面向 21 世纪教育振兴行动计划》中认可了创新创业，大学生创新创业作为我国高等教育发展史上全新的理念具有更加深远的意义和研究价值，并赋予它更多新的内涵。

教育部于 2002 年确定清华大学、中国人民大学、北京航空航天大学等 9 所高校作为我国创新创业试点院校这一行动，标志着我国政府支持创新创业的序幕正式拉开。2010 年《国家中长期教育改革和发展规划纲要（2010—2020 年）》明确提出要把推进创新创业作为今后 10 年提高人才培养质量的重要举措。同年，教育部专门出台《关于大力推进高等学校创新创业和大学生自主创业工作的意见》（教办〔2010〕3 号）文件，被认为是第一个推进创新创业教育的全局性文件，提出关于创新创业的四点要求，同时也提出"提高自主创新能力，建设创新型国家"和"促进以创业带动就业"的发展战略。大学生是最具创新、创业潜力的群体之一。在高等学校开展创新创业，积极鼓励高校学生自主创业，是教育系统深入学习实践科学发展观，服务于创新型国家建设的重大战略举措；是深化高等教育教学改革，培养学生创新精神和实践能力的重要途径；是落实以创业带动就业，促进高校毕业生充分就业的重要措施。

2012 年出台了《普通本科学校创新创业教育教学基本要求（试行）》（教高厅〔2012〕4 号）促进大学生创业的政策文件。

2014 年 5 月，全国普通高等学校毕业生就业创业工作电视电话会议中指出，要激励高校毕业生自主创业，高校要将创业教育纳入人才培养全过程中，全社会要为高校毕业生创业提供更多支持。加强典型引导，用身边的榜样激发学生的创业热情。2014 年 6 月，人力资源和社会保障部、教育部等九部门一起出台了《关于实施大学生创业引领计划的通知》（人社部发〔2014〕38 号），要求进一步普及创业教育、加强创业培训、提供工商登记和银行开户便利、提供多渠道资金支持、提供创业经营场所支持、加强创业公共服务。

2015 年国务院发布的《国务院关于大力推进大众创业万众创新若干政策措施的意见》（国发〔2015〕32 号）指出：推进大众创业、万众创新，是发展的动力之源，也是富民之道、公平之计、强国之策，对于推动经济结构调整、打造发展新引擎、增强发展新动力、走创新驱动发展道路具有重要意义，是稳增长、扩就业、激发亿万群众智慧和创造力，促进社会纵向流动、公平正义的重大举措。根据 2015 年《政府工作报告》部署，为改革完善相关体制机制，构建普惠性政策扶持体系，推动资金链引导创业创新链、创业创新链支持产业链、产业链带动就业链。

时任教育部部长的袁贵仁强调，深化创新创业改革是一项深入细致、艰巨繁重的长期任务、系统工程，各高校要以深化创新创业改革统领学校改革发展的各项工作，深化和弘扬育人为本、知行并举、协同育人的理念，以教育理念的深刻变革带动人才培养质量的全面提升，形成全社会关心支持创新创业和学生创新创业活动的良好环境。要把党中央、国务院提出的各项任务要求落小、落细、落实，抓住修订人才培养方案、健全课程体系、改进教学方法、提升教师能力、加强创新创业实践、改革教学管理制度等关键环节，着力推动创新创业改革向纵深发展。要不断完善创新创业的管理机制、服务保障机制、评价监督机制，确保创新创业改革遵循规律、扎实推进、久久为功，为创新创业人才培养清障搭台、提供保障，让千千万万大学生的创新创业活力能够竞相迸发、充分释放。

2015 年 10 月 21 日，首届中国"互联网+"大学生创新创业大赛在吉林长春闭幕，李克强总理对首届中国"互联网+"大学生创新创业大赛做出重要批示，强调"把创新创业融入人才培养，厚植大众创业万众创新土壤"。时任教育部部长的袁贵仁在闭幕式上强调，要全面贯彻落实习近平总书记重要讲话和时任总理的李克强对大赛做出的重要批示精神，全面深化高校创新创业改革，为促进大众创业、万众创新和建设创新型国家提供有力人才支撑。时任国务院副总理的刘延东也对深化创新创业改革做出了重要指示。要全面贯彻落实党中央、国务院决策部署，以提高人才培养质量为核心，以创新人才培养机制为重点，以完善条件和政策保障为支撑，促进高等教育与经济社会紧密结合，加快培养规模宏大、富有创新精神、勇于投身实践的创新创业人才，为建设创新型国家、实现"两个一百年"奋斗目标和中华民族伟大复兴的中国梦提供强大的人才智力支撑。

2015 年《政府工作报告》将大众创业、万众创新提升到中国经济转型和保增长的"双引擎"之一的高度，显示出政府对创业和创新的重视。当前，我国正处于经济增长速度的换挡期、经济结构调整的阵痛期、前期刺激政策的消化期的"三期叠加"时期，面对制造业"去产能化"、房地产"去泡沫化"、金融体系"去杠杆化"、环境"去污染化"带来的经济增速放缓，要推动产业链和价值链从低端转向中高端，保持经济持续稳定增长，必须通过大众创业、万众创新，建立以市场需求为导向的创业生态，充分激发和释放新的消费潜力，引导社会资本投向新技术、新产品、新业态和新商业模式，加速中国经济结构转型升级。2015 年 7 月李克强总理一周之内三提"创新创业"意味着什么？意味着中央政府下半年将继续鼓励创新创业，以有效破解就业难题；意味着中央政府将继续鼓励创新创业，以催生经济社会发展新动力。

2021 年《国务院办公厅关于进一步支持大学生创新创业的指导意见》指出"大学生是大众创业万众创新的生力军，支持大学生创新创业具有重要意义"，为了进一步支持大学生创新创业，要将创新创业教育贯穿人才培养的全过程、提升教师创新创业教育教学能力、加强大学生创新创业培训、降低大学生创新创业门槛、便利化服务大学生创新创业、落实大学生创新创业保障政策、加强高校创新创业实践平台、提升大众创业万众创新示范基地带动作用等。

（二）高等学校陆续开展各类创新创业教育改革

伴随各类政策文件的出台，高校的创新创业也开始进行全新的试验。2006年3月，浙江商业职业技术学院尝试运行在校学生登记注册办企业，在全真环境中进行创新创业，当时这在我国高校尚属首例，该项创新创业工作被《光明日报》等主流媒体誉为"中国创新创业的破冰之旅"。这些都预示着我国创新创业开始进入新的发展阶段。然而，随着创新创业重要性的体现，问题也随之产生：创新创业如何与专业教学相融合？创新创业如何体现在人才培养模式中？如何提高创新创业的成效？如何协同社会力量形成创新创业的合力？这些问题已成为我国目前推进创新创业的共同难题。

近年来，各地很多高校在健全创新创业组织体系、完善创新创业基础设施、开展创新创业教学与课外活动、加大创新创业资金支持等方面做出了诸多努力与探索，取得了一定的成绩。但整体来看，我们对大学生创新创业的关注度还不高，对创新创业的内涵和本质领会还不深、不透。总体而言，当前我国的创新创业主要存在以下问题：一是认识不到位，解放思想不够，没有把创新创业与素质教育和人才培养相结合；二是理解不到位，工作开展不够，将简单的创业技能或技巧培训等同于创新创业；三是落实不到位，模式构建不系统，没有形成融合教学综合改革和人才培养于一体的创新创业模式，且缺乏面向全体、分类施教的模式体现；四是硬件不到位，创业支持不够，不论是创新创业师资队伍、创业资金还是创业场地，我国用于创新创业的资源还比较匮乏。

综上所述，我国创新创业较之于美国、日本等发达国家，起步较晚，尚处于"创业期"，且存在诸多问题。如何在认识创新创业核心内涵及现状的基础上，积极探索创新创业新模式，是新形势下稳步推进教育教学改革亟待解决的重要问题。

三、中外高校创新创业教育发展比较及启示

当前新常态下的中国经济增长下行压力加大，导致我国社会整体转型，也带来了日益严重的就业问题。据国家人力资源和社会保障部最新统计数据显示，2023年全国高校毕业生总数达到1 158万人，达到历史新高，就业形势十分严峻，扩大就业已刻不容缓，扩大就业的根本出路在于创业。大力加强大学生创新创业教育，全面培养大学生的创新创业素质，既对缓解就业压力、构建和谐社会有益，还对促进经济增长、建设创新型国家起到积极而重要的作用。与起步较早的国外高校创新创业教育相比，我国高校开展的创新创业教育仍然处于萌芽阶段。研究国外高校创新创业教育的历史、

发展与现状，可以为我国高校发展创新创业教育的开展提供有益借鉴。

（一）国外高校创新创业教育的发展特征

1. 先于国内，教育理念先进

欧美国家创新创业教育始于 20 世纪初期，其中美国的青年商业社早在 1919 年便对高中生实施商业实践教育。1947 年，哈佛大学商学院开设了第一门创新创业课程《新创业管理》。20 世纪 50 年代，德国职业院校纷纷创建"模拟公司"，成为当时创业教育中最具影响力的实践教学法。1966 年，印度提出"自我就业教育"理念，鼓励高校毕业生积极创业。澳大利亚在 20 世纪 60 年代开始了专、本科层次的创业教育，80 年代中期扩展至研究生水平，主要由技术和继续教育学院完成。1994 年，日本高校开设"综合学科"的课程结构，其中就有一门创业必修课程"产业社会与人"。1999 年 11 月，英国财政部投入 7 000 万英镑巨资促成剑桥大学同麻省理工学院的合作，推动了英国高校创业教育的发展。

作为一种全新的教育理念，始于欧美的开放式创新创业教育，旨在培养全面发展的创新创业型人才。美国创业教育特别注重创新意识的培养和创业精神的塑造，把创新创业教育上升到国家发展的战略地位。例如，百森商学院创始人蒂蒙斯教授就认为创业教育是为未来的人设定"创业遗传代码"，以培养他们的创业意识和创业精神为价值取向。日本则通过创业教育培养学生的创业意识和创业精神，提高创业技能，使学生能够很好地面对社会现实的挑战，并具有冒险精神。英国将创业作为一种未来的职业选择，认为学生接受创业教育的目的在于培养学生的创业精神，适应知识经济时代的挑战。澳大利亚通过建立"小企业创业机构"重点培养学生的创业意识，激发创业激情，挖掘潜能，使学生具备开办小企业的能力。新加坡确立创业教育要适合经济和工业发展的指导思想，其创业教育起步虽然较晚，但由于高校、企业单位和国家之间的联动合作，实现了跨越式发展。

2. 创新创业教育及课程体系完整

由于国外创新创业教育发展较早，也形成了完整的创新创业教育体系和系统的创新创业教育课程。美国创新创业教育涵盖了从小学、初中、高中到大学专科、本科、研究生全部正规教育范围，教育内容与形式、教学方式与方法都有了重大改进，成为美国教育尤其是高等教育的重要组成部分，并与专业教育、职业教育紧密结合。同时，其创新创业教育课程也非常系统，内容涵盖创新创业构思、新企业设立、项目融资、企业管理等各个方面，并且本科课程与研究生课程有所差异。以著名的美国百森商学院"创业学"课程体系为例，其开设的创新创业课程涵盖了战略与商业机会、创业者、资源与商业计划、创业企业融资与快速成长等五个部分，整合了创新创业所需要的意识、个性特质、核心能力等创业遗传代码和创业相关的社会知识。日本尤为重视创业教育的衔接，开展连贯性的创业教育，高校非常重视与小学、初中、高中的校际合作，在每个教育阶段开展有针对性的创业教育。而创新创业教育课程体系则由高到低、由专业到普及，系统地涵盖了以下四种典型模式：培养实际管理经验的创业家专门教育型模式、培养系统的创业知识和创业技能的经营技能演习型模式、创业技能副专业型模式、培养创业意识和创业精神的企业家精神涵养型模式。澳大利亚的创业教育主要在职业教育与培训中进行，积极推行模块化教学，大多院校采用了四套模块化教材：综合性介绍类、工业类、商业发展类和远程教育类。

3. 注重师资队伍建设并成效卓著

国外创新创业教育所取得的成就是与重视教师队伍建设分不开的。美国创新创业教育师资由一支理论功底深、实战经验强的专职和兼职教师队伍组成。专职教师根据专业需求来确定数量，同时引进社会上有创业实践经历又具有一定学术背景的人士负责兼职创业教学与研究工作，尤其是聘请成功企业家为客座教授。此外，不断组织教师参加创业活动以获得真实的创业体验，通过系统的专门培训习得创业教育相关知识，举办创业案例示范教学或研讨会促进经验交流。例如，斯坦福大学开设的"创业管理"课程就安排两位教师同时授课，一位是理论知识丰富的学校专职教授，另一位则是拥有丰富创业实战经验的企业客座教授。日本高校通过产学合作机制培养建设创新创业师资队伍，如通过聘请社会企业人员到学校任教、教员到企业参观学习或锻炼等计划，提升教师创业理论和实践知识。新加坡理工学院强调培养"双师型"师资，既注重教师的理论培养，又关注实践经验提升，80%的教师都曾在相关企业从事实践工作。澳大利亚高校也建立了专、兼职结合的师资队伍，其中技术与继续教育学院小企业培训中就有许多兼职教师，他们大多是具备一定理论知识的小企业家，师资的专兼职比例达到了4:6。德国的12所高校通过设立创业首席教授，鼓励他们专门讲授创业课程并从事创业研究工作。

4. 学生创业实践能力得到显著提升

国外高校创新创业教育尤为关注学生创业实践能力的培养。在美国百森商学院的新生管理体验课中，入学新生们被分成若干个团队进行创业实践，每个团队均有创业指导老师并获得3000美元的启动贷款资金，待学年结束后要还本付息。日本的创业实践教育则较为系统。低年级学生接受创业启蒙教育，一般是参观企业、工厂，听取创业方面的讲座；高年级学生则接受创业实践教育，参加创业技能培训、项目研发、创业大赛；研究生学生主要投入到创业实践中，加入创业园、高校创业孵化基地，体验创业实践过程。印度高校纷纷成立创业中心以协调创业过程中产生的各种问题，还每年举办国际性商业计划书大赛，同时许多高校常年组织举办全国性或国际性创新创业大赛，大幅提升了学生的创新创业实践能力。

5. 校内外创新创业教育氛围浓厚

成熟的国外创新创业教育经过几十年的发展已经展现出良好的氛围。得克萨斯大学奥斯汀分校、麻省理工学院、斯坦福大学等十几所高校常年举办创业计划竞赛，每年有五六家新企业从麻省理工学院的"五万美元商业计划竞赛"中产生，还有不少创业计划及团队被企业高价买走。创业计划直接孵化出的企业中有几年内就发展成年营业额超 10 亿美元的大型公司。美国高校鼓励大学生边学习边创业，甚至像比尔·盖茨那样停止学业去创业的成功案例也不在少数。美国高校的创业中心密切联系孵化器、科技园、风投机构、创业培训机构、创业资质评定机构、小企业开发中心、创业者校友联合会与创业者协会等组织，促成了高校、社区、企业良性互动式发展的浓厚的创业教育氛围。美国的创新创业教育也得到了社会各界的广泛支持，自从 1951 年成立了第一个主要赞助创新创业教育的基金会——科尔曼基金会以来，美国出现了许多支持创业的基金会，譬如考夫曼创业流动基金中心、国家独立企业联合会等。这些社会机构提供的基金赞助创新创业竞赛，激励学生创新创业，开发创新创业教育课程。部分亚洲国家通过法律法规建设来促进创新创业教育的发展，如印度 1986 年颁布的《国家教育政策》和日本 1998 年颁布的《大学技术转移促进法》；而欧洲国家则主要通过实施创业项目和计划来激励大学生创业，如"青年创业计划"（英）、"大学生创业项目"（英）、"青年挑战计划"（法）、"独立精神计划"（德）等。国外创新创业教育氛围的营造出了政府的高度重视外，也少不了民间组织的参与，如隶属于英国贸工部"小企业服务"中心与学校合作，成立了大学生创业委员会，为大学生进行创业提供了咨询、服务、决策参考及资金支持。

（二）国内高校创新创业教育的发展现状

1. 起步较晚但政府支持力度渐增

我国社会形式的创业教育始于 1978 年党和国家规划深圳经济特区；1997 年清华大学经济管理学院在 MBA 项目中开始开设创新与创业方向课程；2000 年西北工业大学率先开始开设创业课程并编写教材；2002 年 4 月教育部确立清华大学等 9 所创业教育试点院校；2006 年 3 月，浙江商业职业技术学院尝试运行在校学生登记注册办企业，在全真环境中进行创业教育，被誉为"中国创业教育的破冰之旅"。总的来说，我国高校创业教育仍处于探索阶段，还未像国外那样将创业作为研究方向或专业，也还未形成完善的适合我国国情的完整化、制度化的教育体系与模式。但是，中央至地方各级政府为支持创新创业教育陆续制定并颁布了一系列相关规章、政策并给予资金资助和保障服务，如《国家中长期教育改革和发展规划纲要（2010—2020 年）》《关于大力推进高等学校创新创业教育和大学生自主创业工作的意见》《普通本科学校创业教育教学基本要求（试行）》《大学生创业引领计划》《关于深化高等学校创新创业教育改革的实施意见》。

2. 教育模式雏形已定

自 2002 年教育部确定 9 所试点院校开展创业教育以来，国内高校的创新创业教育主要采用三种模式：第一种是以中国人民大学为代表的将第一课堂和第二课堂结合起来开展创业教育，重在培养学生创业意识，构建创业知识结构，完善学生综合素养，为多数高校所普遍采用；第二种是以黑龙江大学、北京航空航天大学为代表的通过组建职能化、实体化的创业教学机构来推进创业教育；第三种是以上海交通大学、复旦大学与武汉大学为代表的以创新为核心的综合式创业教育。

3. 课程设置体系初步形成

2012年8月，教育部颁布《普通本科学校创业教育教学基本要求》，要求本科高校创造条件面向全体学生开设"创业基础"必修课，将创业教育与学生的专业教育有机地结合起来，培养创新型人才。当前，国内高校创新创业课程设置主要有基础理论课程、专业课程与实务和实践类课程三大模块。创业教育基础理论课程模块主要有《职业生涯规划》《企业家精神》等课程，目的在于激发学生的创业意识、拓宽知识结构、提高素质、培育商业道德等；专业课程包括《市场预测与企业风险管理》《企业运营和管理》及《新创企业融资》等课程，以必修课和选修课的形式进行；实践类课程以创业大赛、实地考察、创业体验和野外拓展训练等方式展开。同时，课程教材也在逐渐摆脱以往依靠翻译国外专著或教材的局面，先后出版了大量由国内高校教师编写的高水平教材。

4. 教学方法和手段逐步丰富

当前国内高校创新创业教育主要通过课堂教学、校园模拟、校外实践等多条途径来实施，教学中逐步采用角色模拟、师生互动、案例分析、创业计划大赛、实地见习等手段和形式，不断提升学生的创新创业综合知识、素养与能力。

5. 研究机构及实践教学活动渐多

截至2015年年底，由科技部和教育部联合启动的国家大学科技园建设项目共有10批，达到117个，另外国内高校自建的创业园数量也在迅速增长。为了更好地开展创业实践教学，许多大学纷纷建立了创业者协会、创业教育顾问团、"双实双业"基地和创业孵化园。为了更专业地为创新创业教育提供智力支持，有些高校还专门设置了创新创业教学机构，如厦门大学的埃塞克斯创业教育中心、黑龙江大学的创业教育学院、复旦大学的创业教育研究指导中心等机构，2015年4月清华大学还率先发起倡议成立"中国高校创新创业教育联盟"。

（三）国内高校创新创业教育普遍存在的问题

在我国经济社会发展转型的新时期，培养理论水平较高、实践能力强的创新创业型人才，是高等教育人才培养模式改革的重要着力点。创新创业教育与专业教育相融合，是高等教育发展整体化和综合化趋势的标志。高校创新创业教育具有实践性、多样性、综合性等特征，鼓励学生走出教室，在开展的过程中容易与专业教育产生矛盾。

因此，加强创新创业教育和专业教育之间的融合刻不容缓。目前，我国高校现行教育模式下培养出的人才与社会的需要存在一定程度的脱节，创业教育的特征使其成为培养创新人才的有效的手段。因此，厘清创新、创业、创业教育与专业教育之间的关系，借鉴发达国家开展创业教育的成功经验，中国高校的创业教育应该改变"千人一面"的现状，立足于自身办学特色与优势开展创业教育，制定面向全校、立足长远的创业教育发展战略，加强创业教育与专业教育之间的融合，构建创业教育师资的成长平台，逐步形成各具特色的创业教育体系。

1. 创业多、创新少

创业和创新内在关联，密不可分。创业是创新的重要载体和外在表现形式，创新是创业的支撑、核心和本质。创业教育注重培养学生的创业意识、精神、素质，使学生掌握创业初步管理技能，以满足社会生存需求，促进经济社会全面发展；而创新教育重视对人的发展的总体把握，培养学生的创新素养，提升学生的创新潜能，并将创新的新鲜活力注入教育活动，二者的价值取向与培养目标最终是一致的，因此高校的创业教育与创新教育应相互渗透与融合。当前，国内高校开展创业教育时纷纷提出"以创业促就业""先就业再创业"等口号，鼓励大学生通过创业途径来实现充分就业，但同时也有不少高校的做法是把就业看作创新创业教育的全部目的，显然有失偏颇，直接导致的后果便是大学生创新精神不够、创新能力偏低、创业意愿不足、创业规模偏小、生存型创业多于知识型创业。

2. 外延不足、内涵欠缺

国内大部分高校先后都开设了创业理论课程，启发学生的创业意识，向学生传授创业知识；也有不少高校尝试设置了创业实操类课程，用来给学生传授创业步骤和规避创业风险等；部分高校还将创业与社会实践、专业实习相结合，让学生走进企业，耳濡目染管理好企业所应具备的能力和素质。但总的来说，目前国内高校开设的创业课程都偏功利性，教授学生解决创业过程中所遇到的一些实际问题的方法。同时也未能像国外高校那样，与政府、行业、企业密切联系，亦即创业教育行动的外延拓展不足，使得学生创业训练平台不够。相比之下，国内高校创新创业教育的内涵建设则更为欠缺，主要问题在于创新创业教育仍游离于专业教学之外，没有融入学科建设规划、人才培养方案、第一课堂与质量评价体系。

3. 高校角色定位不够清晰

国内许多高校凭借自身的优秀人才和科技产品开发能力强的科研优势，纷纷创立校办产业，也有部分授课教师凭借自己的技术专利直接创办企业。在不断转化科技成果成为生产力的同时也给创新创业教育带来了不少问题，例如教师精力明显分散、学校及教师的科研再生产能力也得不到充分发展，从而影响到学校的整体教学水平和人才培养质量，必然要面对学术职能与商业价值的冲突。因此，在创新创业教育各个环节之中，高校要清晰自己的角色定位，承担起自身应负的职能，而不能过度迷失于商业价值的追求之中。

4. 引领性人才培养力度不够

适应性人才具备一定的专业技能，能够适应经济社会发展的需要，并为现有产业发展做出贡献。但他们欠缺的是对未来、未知行业的知识创新和职业创造能力。当前多数国内高校开展的创新创业教育仍然局限于学生的就业需要，培养出了一大批各行各业的适应性创业人才，过分集中于创办服务业或加工制造业企业。而国家层面的战略产业升级与结构调整急需高校通过创新创业教育培养出更多的引领性创业人才，以引领经济社会全面发展。

（四）国外高校创新创业教育的启示

国外高校创新创业教育经过多年发展，日趋成熟并逐步趋于专业化，其在实施过程中积累起来的经验有许多地方值得国内高校吸收与借鉴。结合我国高校创新创业教育的实际情况与普遍存在的一些问题，本书认为有以下几点有益启示：

第一，教育观念上要坚持创业与创新联系。如果创业与创新联系不够密切，其视野与层次都具有局限性，而与创新密切联系起来，创业就会迸发出无穷无尽的能量。创新与创业紧密关联的欧美大学早已成为国家与企业的智库，成为社会经济发展的核心动力，并引领支撑着整个国家的经济社会发展。国内高校不应过分投入于缓解毕业生就业压力的低层次创业项目，本科院校尤其是研究型大学要带头将专业教育、学术创新与大学生创业项目融合优化，协助学生将学术创新成果转化成创业项目，激励他们通过创业项目大胆革新，催生出更多类似北大方正、清华同方、中科大讯飞科技这样一批优秀的高科技企业。

第二，教育行动上要做到内涵和外延并重。欧美高校的创业教育行动上倾向非功利性，认为创业教育是大学教育的重要组成部分，要充分挖掘创业教育内涵并使其渗透到人才培养全过程中，使学生在潜移默化之中接受创业教育。课程上重视培养未来职业所需的跨学科知识、能力和素养，并教会学生进行知识创新，同时走出学校教育层面，争取学校科研与企业或政府项目关联以获取资助。在当前注重内涵式发展的教育理念下，国内高校应将创业教育纳入人才培养方案，在专业课程中渗透创业教育理念，在校园内营造"全员创业教育"的氛围，而并非在编制计划中挂牌一个创业机构，或在课程设置中增加几个创业学分，或开设几门创业课程那么简单。同时，还需要不断加大创业教育外延拓展力度，强化高校人才培养与科学研究的社会服务功能。

第三，教育角色定位上要职责清晰。无论在国内的"产学研"模式还是欧美"官产学"螺旋结构里，作为创新创业教育实践主体的大学在从事科学研究和人才培养工作时都必须考虑产业和政府的需求。国外高校正是通过履行清晰职责并通过自身努力赢得了产业和政府的信任，获得了发展的良好外部环境。例如，斯坦福大学在美国创业实践中承担着研究中心与人才培养基地两大职责，以知识更新与技术创新为使命但却从未以任何实体方式介入到硅谷企业的经营与管理中来。正因为如此，欧美很多高校已经发展成为国家重要支柱产业的研究基地，甚至一些美国高校已然成为军工企业的技术支持者和专利提供者，也赢得了政府和社会的更多支持。因此，国内高校要积极主动地融入国家的新兴战略产业中来，发挥自身知识与技术优势为国家的经济社会发展做出更大贡献，同时也要克服贪大求全的思想，要将校办企业交由市场经营管理，全力致力于技术与产品创新。

　　第四，培养目标上要倾向引领性人才。欧美大学大致分为教学型、研究型和创业型三个类别，创业型大学是在研究型大学基础上发展而来的，着力在研究创新的基础上开展创业教育。而我国的应用型高校，或新建转型，或办学时间短，也注重社会需求开展创业教育，但主要培养社会适应性人才。国外的创业型大学却并未止步于培养适应性人才，而是坚持以学术创业为己任，更加注重培养引领性创业人才。1938 年，斯坦福大学的两位优秀毕业生 David Packard 与 Bill Hewlett 成功创办惠普公司，此后影响并带动了思科、雅虎、谷歌等许多全球领先高科技企业的问世，其公共关系部门更是宣称：有 5 000 多家公司的起源可以追溯到斯坦福教职工或者学生的创意。而要解决国内高校培养同质化倾向的问题，本科教育与高职教育在培养目标上就应做到各司其职：高职及应用型本科院校的创新创业教育要以培养适应性人才为己任，而研究型高校则应致力于培养引领性人才，从课程体系开发、师资队伍建设、学校角色定位等各个方面不断进行尝试和探索，开创研究型大学创新创业教育的新局面。

第二章　创新创业的内涵概述

第一节　解读创新

一、创新的概念

商务印书馆出版的第 5 版《现代汉语词典》解释"创新"为：抛开旧的，创造新的，指创造性，新意。对于创新教育，上海辞书出版社出版的第六版缩印本《辞海》给出的解释是"产生于 20 世纪 90 年代的一种教育思想。主张教育以培养创新型人才为目标，着力促进人的创新精神和创新能力的发展。"创新教育活动已在我国一些中小学开展。汉语"创新"一义出自《大学》："苟日新，日日新，又日新。"《新华汉语词典》对创新的解释为：创造新的从而抛弃旧的。

社会学家认为创新是人们为了发展的需要，运用已知的信息，不断突破常规，发现或产生某种新颖、独特的有社会价值或个人价值的新事物、新思想的活动。其本质是突破，即突破旧的思维定式，旧的常规戒律。创新活动的核心是"新"，它或者是产品的结构、性能和外部特征的变革，或者是造型设计、内容的表现形式和手段的创造，或者是内容的丰富和完善。

经济学家认为创新是利用已存在的自然资源或社会要素创造新的矛盾共同体的人类行为，或者可以认为是对旧有的一切所进行的替代、覆盖。创新是以现有的思维模式提出有别于常规或常人思路的见解为导向，利用现有的知识和物质，在特定的环境中，改进或创造新的事物（包括但不限于各种方法、元素、路径、环境等），并能获得一定有益效果的行为。

创新到底是什么？创新是以新思维、新发明和新描述为特征的一种概念化过程。起源于拉丁语，它原意有三层含义：第一，更新；第二，创造新的东西；第三，改变。创新是人类特有的认识能力和实践能力，是人类主观能动性的高级表现形式，是推动民族进步和社会发展的不竭动力。一个民族要想走在时代前列，就一刻也不能没有理论思维，一刻也不能停止理论创新。创新在经济、商业、技术、社会学以及建筑学这些领域的研究中有着举足轻重的分量。在中国大陆，经常用"创新"一词表示改革的结果。改革被视为经济发展的主要推动力，促进创新的因素也至关重要。准确地说，创新是创新思维蓝图的外化、物化。

二、创新的哲学内涵

创新从哲学上说是人的实践行为，是人类对于发现的再创造，是对于物质世界的矛盾再创造。人类通过物质世界的再创造，制造新的矛盾关系，形成新的物质形态。创意是创新的特定形态，意识的新发展是人对于自我的创新。发现与创新构成人类对于物质世界的解放，即为人类自我创造与发展的核心关系，代表两个不同的创造性行为。只有对于发现的否定性再创造才是人类产生及发展的基本点，实践才是创新的根本所在，创新的无限性在于物质世界的无限性。创新包含了以下几个方面：

第一，物质的发展。物质形态对于我们来说是具体矛盾。我们认识的宇宙与哲学的宇宙在哲学上代表了实践的范畴与实践的矛盾世界两个不同的含义。创新就是创造对于实践范畴的新事物。任何有限的存在都是可以无限再创造的。

第二，矛盾是创新的核心。矛盾是物质的本质与形式的统一。物质的具体存在与存在本身都是矛盾的。任何以人的自我内在矛盾创造的新事物都是创新。

第三，人是自我创新的结果。人以创新创造出人对于自然的否定性发展。这是人超越自然达成自觉自我的基本路径。人的内在自觉与外在自发构成规律，在物质的总体上形成对立的内在必然与外在必然的差异。创新就是人的自觉自发。

第四，创新是人自我发展的基本路径。创新与积累行为构成一个矛盾发展过程。创新是对于重复、简单的劳动方式的否定，是对于人类实践范畴的超越。新的创造方式是创造新的自我。

第五，从认识论上看创新是自我意识的发展。自我意识的发展是自我存在的矛盾面，其发展必然推动自我行为的发展，推动自我生命的发展。

从认识的角度来说，就是更有广度、更有深度地观察和思考这个世界；从实践的角度来说，就是能将这种认识作为一种日常习惯贯穿于生活、工作和学习的每一个细节中，所以创新是无限的。

从辩证法的角度来说，它包括肯定和否定两个方面，从而也就包括肯定之否定与否定之肯定。前者是从认同到批判的暂时过程，而后者是一种自我批判的永恒阶段。所以创新从这个角度来说就是一种"怀疑"，是永无止境的。

三、创新的社会意义

创新是一个民族进步的灵魂，是一个国家兴旺发达的不竭动力，也是一个政党永葆生机的源泉，这是从 20 世纪世界各国政党，特别是共产党兴衰成败的历史经验和教训中得出的科学结论。

近代以来人类文明进步所取得的丰硕成果，主要得益于科学发现、技术创新和工程技术的不断进步，得益于科学技术应用于生产实践中形成的先进生产力，得益于近代启蒙运动所带来的人们思想观念的巨大解放。可以这样说，人类社会从低级到高级、从简单到复杂、从原始到现代的进化历程，就是一个不断创新的过程。不同民族发展的速度有快有慢，发展的阶段有先有后，发展的水平有高有低，究其原因，民族创新能力的大小是一个主要因素。

四、科学界对创新的解读

创新是美籍奥地利经济学家约瑟夫·阿洛伊斯·熊彼特经济发展理论的核心。熊彼特在其重要著作《经济发展理论》中提出创新，并加以深入系统地阐述。虽然其研究的载体是资本主义生产过程本身，但丝毫没有影响创新理论对包括经济学、管理学、社会学和政治学在内的社会科学等领域产生深远影响。

对于创新的研究，熊彼特从静态经济学研究入手，以"经济循环流转"为研究对象，认为各经济主体如果按照过去的经验和习惯来下意识地完成以往各自的工作，属于简单再生产，这个过程只能使规模增加，而不能实现"发展"。熊彼特所说的"发展"就是创新。他认为，"创新"就是"建立一种新的生产函数"，也就是把"生产要素和生产条件的'新组合'引入生产体系"。只有在打破原有循环流转的基础上产生了新组合，才能推动企业的"创新发展"，企业才能产生利润。不改变旧有循环模式，只是在原有基础上的小修小补，不算是真正意义上的创新，为此，他形象地比喻："你不管把多大数量的驿路马车或邮车连续相加，也绝不能因此获得一条铁路。"

正如他所说，如果"没有在质上产生新的现象，而只有同一种适应过程，像在自然数据中的变化一样"，那并不算是真正意义上的"创新"，"只要发明还没有得到实际上的应用，那么在经济上就是不起作用的"。创新不仅要产生"质变"，而且这种"质变"还要能够得到应用，没有得到应用的和没有促进生产力发展的，最多只能算作发明。而这种"质变"很容易进入到"价值判断"的范畴，因为"质变"产生了"新事物"，经济社会发展对这种"新事物"的需要程度形成了对其的"价值判断"。所以，这种在促进经济社会发展和生产力进步方面的价值内涵，便是"创新"深层次的"价值观"。

　　而"新组合"并不容易立起来，因为存在着打破旧有"循环模式"的阻力。正如熊彼特所说："虽然他在自己熟悉的循环流转中是顺着潮流游泳，如果他想要改变这种循环流转的渠道，他就是在逆着潮流游泳。从前的助力现在变成了阻力，过去熟知的数据现在变成了未知数。"

　　熊彼特的"创新价值观"理论，对于创新型人才培养观念的重要启示是：要在创新型人才培养内涵中树立"创新价值观"的理念。培养出来的创新者首先要明确自己的行为在未来会产生什么样的价值，当然这种价值既包括宏观层面的促进生产力的发展，又包括微观层面的以在市场上进行交换而产生价值的过程。

　　从创新价值角度来定义创新型人才，如"创新型人才指具有创新意识和创新能力，从事创新性活动，并能为社会和组织创造价值和贡献的人才"，但更多偏重于从微观层面看待创新价值。因此，有必要在创新型人才培养的理念中树立兼顾宏观和微观价值含义的"创新价值观"，这使得对于创新型人才培养内涵的认知不会只泛泛地停留在理论层面，而是在实践层面使创新型人才培养有了统一的价值判断和检验标准；也不会将创新的价值含义定义在只是产生价值推动社会发展的层面，而是能够将创新型人才培养放在社会发展的大背景下进行宏观思考，摒弃了从单一视角评价创新型人才培养价值的局限性和片面性，这对于明确"培养什么样的创新型人才，怎么培养创新型人才"有了更加显著的作用，对于培养和挖掘创新型人才具有重要的理论指导意义。

　　对于创新型人才培养模式问题，国内外很多学者都对创新人才的成长和培养体系进行了系统性的研究，但研究偏重于对各种要素重新组合的理论的探索，少有如何克服"新组合"过程中产生的各种惯性思维和矛盾冲突的研究。实际上，惯性思维常会造成在思考事情时存在某些盲点，且缺少创新或改变的可能性。惯性思维是创新的最大障碍，解决了所设计要素之间的相互冲突才能向创新的方向前进，这一点在世界级的创新方法——TRIZ（发明问题解决理论）的思想中得到了印证："TRIZ 认为产品创新的核心是解决设计中的冲突或矛盾，解决发明问题的核心是克服冲突，未克服冲突的设计不是创新设计。"借此，可以获得这样的启示，在研究创新型人才培养模式的过程中，不能只研究"新组合"内各要素之间的结构关系，更重要的是要研究"新组合"形成过程中需要克服哪些惯性思维和行为，需要解决哪些要素间的冲突与矛盾。或者说，改革创新型人才培养模式的过程就是克服旧有模式中形成的惯性思维以及要素之间的矛盾冲突的过程，对原有培养模式的优化有助于对创新型人才培养模式进行改革。

五、马克思与创新理论

　　马克思主义经济学的根本在于劳动概念，而创新是劳动的基本形式，是劳动实践的阶段性发展。基于科学的人类进化、自我创造的发展学说的经济学思想，是来自人类自我内在矛盾创造的实践思想。劳动价值论是马克思主义经济学的核心，其揭示出社会发展的本质变量，其在广义上是一切社会存在的基本决定要素。

马克思指出：创新作为一种实践，涉及人与人、人与自然以及人与观念，贯穿自然界、人类社会和人本身三大领域。创新劳动是劳动的阶段性发展，是对于同质劳动的超越。劳动的基本矛盾关系是生产工具与劳动力，劳动力与生产工具的发展推动生产力整体的革命性进步。创新是人类对于其实践范畴的扩展性发现、创造的结果，创新在人类历史上首先表现为个人行为，在近代实验科学发展起来后，创新在不同领域就不断成为一种集体性行为，但个人的独立实践对于前沿科学的发现及创新依然起到引领作用。创新的社会化形成整体的社会生产力进步。

人类创造自我的行为就是以发现、创新的质变到重复、积累的量变。对自然及社会的发现是创新的前提条件。人类来自自然物质世界，以创新自我的物质形态为起源。对社会本身的发现与创造构成新的社会关系。在个人的发现及创新以各种信息系统传播开来形成社会化的大生产后，就形成普遍以人民为主导的生产力体系。这个体系主要是重复新生产技术的生产过程，同时积累财富与实践范畴。在某个时期后被一个新的劳动者发现的新领域及创造新的生产方式所超越。这是一个质变与量变交替发展的阶段。

在经济领域，创新是劳动的一个重要阶段性成果，是生产力发展的阶段性标志。创新是社会经济发展的前置因素，形成规模性效益的源泉。创新与积累劳动形成经济发展的两大矛盾性劳动根源。创新的价值在于以新的生产方式重新配置生产要素形成新的生产力，创造新形式的劳动成果或者更大规模的生产。创新在于创新成果的社会化过程对于经济领域的路径选择或者创造新的路径。创新价值是从个别主体的垄断价值到社会再生产的普遍价值转化。

创新行为的社会化与创新成果的社会化是相辅相成的。创新社会是依赖创新成果有效社会化而存在的。创新成果的有限社会化同时是创新劳动的社会价值实现。同时其创造了创新理念的社会化。从社会历史发展的过程看，创新的社会化的根本是创新劳动行为的社会化。创新行为的社会化与分工的社会化结合在一起形成总体对于简单劳动的超越性发展。

创新劳动的价值论在于创新成果的分配过程，分配又在于所有制。从社会关系的发展史能看出财富的流通过程就是形成社会各个主体之间关系的直接路径。但在社会财富生产过程中的生产分工才是最根本的决定通道，决定分工的竞争要素根本上取决于劳动者的劳动素质。所以一个创新的价值直接来自财富分配和流通，根本反映的是劳动者本人劳动素质的实现。

创新劳动的根本问题在于创新劳动者自我，劳动者的劳动是对于自我的劳动素质的创造。人来自自然却是自我创造了自我的人格与生命的统一。人的内在矛盾要素都是人的自我创造并在有意识的连续发展中。人在一定实践范畴中，却无时不在超越已有的生命经历。

社会创新是社会人对于社会关系的创新性发展。其对于社会关系的内在**本质及范畴**的发现及创新是对人类自我解放的自觉实践的反映。只有人类自我自觉的**自我解放**行为才可以是真的社会创新，才可以形成整体的社会革命性创新。社会的革命性创新路径依赖的是生产力的解放，是劳动人民内在自我解放能力的提升，是劳动科技中劳动者素质及工具的整体进步。其最终表现为所有劳动者的社会化总体生产力的提升与劳动者作为人的存在的发展。

六、其他相关解读

20世纪60年代，美国经济学家华尔特·罗斯托提出了"起飞"六阶段理论，将"创新"的概念发展为"技术创新"，把"技术创新"提高到"创新"的主导地位。

1962年，伊诺思在其《石油加工业中的发明与创新》一文中首次直接明确地对技术创新下定义，"技术创新是几种行为综合的结果，这些行为包括发明的选择、资本投入保证、组织建立、制订计划、招用工人和开辟市场等"。伊诺思是从行为集合的角度来下定义的。而首次从创新时序过程角度来定义技术创新的林恩认为技术创新是"始于对技术的商业潜力的认识而终于将其完全转化为商业化产品的整个行为过程"。

美国国家科学基金会（National Science Foundation of U.S.A.）从20世纪60年代开始兴起并组织对技术的变革和技术创新的研究。迈尔斯和马奎斯作为主要的倡议者和参与者，在其1969年的研究报告《成功的工业创新》中将创新定义为技术变革的集合，认为技术创新是一个复杂的活动过程，从新思想、新概念开始，通过不断地解决各种问题，最终使一个有经济价值和社会价值的新项目得到实际的成功应用。到70年代下半期，他们对技术创新的界定大大扩宽了，在NSF报告《1976年：科学指示器》中，将创新定义为："技术创新是将新的或改进的产品、过程或服务引入市场。"

厄特巴克在70年代的创新研究中独树一帜，他在1974年发表的《产业创新与技术扩散》中指出，"与发明或技术样品相区别，创新就是技术的实际采用或首次应用"。缪尔赛在20世纪80年代中期对技术创新概念作了系统的整理分析。在整理分析的基础上，他认为："技术创新是以其构思新颖性和成功实现为特征的有意义的非连续性事件。"

著名学者弗里曼把创新对象基本上限定为规范化的重要创新。他从经济学的角度考虑创新。他认为，技术创新在经济学上的意义只是包括新产品、新过程、新系统和新装备等形式在内的技术向商业化实现的首次转化。他在1973年发表的《工业创新中的成功与失败研究》中认为，"技术创新是一个技术的、工艺的和商业化的全过程，其导致新产品的市场实现和新技术工艺与装备的商业化应用"。他在 1982 年的《工业创新经济学》修订本中明确指出，技术创新就是指新产品、新过程、新系统和新服务的首次商业性转化。

我国从 20 世纪 80 年代开始开展技术创新方面的研究，傅家骥先生对技术创新的定义是：企业家抓住市场的潜在盈利机会，以获取商业利益为目标，重新组织生产条件和要素，建立起效能更强、效率更高和费用更低的生产经营方法，从而推出新的产品、新的生产（工艺）方法、开辟新的市场，获得新的原材料或半成品供给来源或者建立企业新的组织，它包括科技、组织、商业和金融等一系列活动的综合过程。此定义是从企业的角度给出的。彭玉冰、白国红也从企业的角度为技术创新下了定义："企业技术创新是企业家对生产要素、生产条件、生产组织进行重新组合，以建立效能更好、效率更高的新生产体系，获得更大利润的过程。"

进入 21 世纪，信息技术推动知识社会的形成及其对技术创新的影响进一步被认识，科学界进一步反思对创新的认识：技术创新是一个科技、经济一体化的过程，是技术进步与应用创新"双螺旋结构"（创新双螺旋）共同作用催生的产物，而且知识社会条件下以需求为导向、以人为本的创新 2.0 模式进一步得到关注。《复杂性科学视野下的科技创新》在对科技创新复杂性分析的基础上，指出了技术创新是各创新主体、创新要素交互复杂作用下的一种复杂涌现现象，是技术进步与应用创新的"双螺旋结构"共同演进的产物；信息通信技术的融合与发展推动了社会形态的变革，催生了知识社会，使得传统的实验室边界逐步"融化"，进一步推动了科技创新模式的演变。要完善科技创新体系，急需构建以用户为中心、需求为驱动、社会实践为舞台的共同创新、开放创新的应用创新平台，通过创新双螺旋结构的呼应与互动形成有利于创新涌现的创新生态，打造以人为本的创新 2.0 模式。《创新 2.0：知识社会环境下的创新民主化》进一步对面向知识社会的下一代创新，即创新 2.0 模式进行了分析，将创新 2.0 总结为以用户创新、大众创新、开放创新、共同创新为特点的，强化用户参与、以人为本的创新民主化。

还有众多名人、学者曾在他们的著名论著中提及创新这一概念，如福特公司创始人亨利·福特指出，"不创新，就灭亡"；畅销书《追求卓越》的作者托马斯·彼得斯指出，"要么创新，要么死亡"；创新魔法师李响指出，"创新是企业持续壮大的唯一出路"等。

七、如何培养大学生创新能力

（一）注重创新环境的完善、优化和利用

首先，建立创新伟大、创新崇高的社会认识，培植支持创造、欣赏创新的社会观

念和形成创新光荣、创新可贵的社会风气。其次，创新者应以马克思的环境观，即环境创造人，同样人也可以创造环境的观点，为自己创造一个良好的创新环境。**此外，完善和优化创造环境还可以**：运用管理职能，给予有创造性的人才适当的奖赏和评价；建设一种开放、自由、自主和宽容的心理气氛；形成志趣相投、和衷共济的**创造性群体**；促进人才的合理流动；承认个人的创造；健全保护创造和创造人才的社会机制；形成适当的压力刺激、竞争气氛和危机意识，使群体处于一种兴奋状态。

（二）开发影响创新能力的非智力因子

第一是养成和巩固创新意识。创新意识是创新能力形成和发展的前提和条件。创新意识并非与生俱来，需要在学习和工作过程中逐步建立和发展，一般可采用如下方法。

① 培育强烈的创新动机。创新动机是激励思考、推动行动的内在力量。大学生应当结合国家发展、社会进步的宏伟目标，树立正确的事业观、责任观和行为观，培育强烈、积极、正确的创新动机。

② 树立坚定的创新信念。信念是事业的立足点，是成功的领航灯。大学生应当相信创新力人人可有、时时可见、处处可用，又要相信尽管创新无坦途，但只要努力奋斗和不懈追求，终会取得成功。

③ 保持强烈的好奇心。好奇是创新的起点、动机和驱动力，也是人们产生坚强毅力和持久耐心的源泉。由好奇心驱使的观察往往是科学创新的前奏。大学生必须在创新活动中不断添加探索未知事物的精神动力。

④ 坚持旺盛的求知欲。求知欲是人们对知识和真理的渴求程度。大学生必须立足于掌握已知、探索未知，发挥求知欲旺盛的热点和优势，努力学习基础理论、专业知识和实验技能，使自己在才干和学识方面均获得突破，成为复合型的创新人才。

⑤ 维持适度的怀疑感。适度怀疑是创新的向导、思维的解剖刀和放大镜。但适度怀疑不是怀疑甚至否定一切，而是告诫大学生不要被事物已知的结论所束缚，要敢于对这种结论进行逆向思维和怀疑思维，要在自我探索过程中培养自己敏锐的质疑能力和判断能力。

⑥ 培养献身的精神。献身是一种高尚的心理品德，它极易转化为强大的精神力量。大学生必须培养自己为真理、为创新、为人民献身的精神。

⑦ 强化进取的心态。进取心是大学生积极向上、奋力拼搏的动力来源。大学生应强化自己的进取心态，与保守平庸、无所作为的消极心态彻底决裂，发扬"开拓进取，只争朝夕"的精神。

⑧ 形成开放的意识。这是创新意识的重要组成部分。当大学生具有开放的意识后，对新知识和新事物的追求将更为执着。

⑨ 铸造自立的观念。这是成为创新性人才的重要一步。以自立观念激励大学生，让他们思想的基点和行动的起点放在自我努力的基础上，才能有强烈的创新欲望、足够的创新动力。

⑩ 破除定式思维。思维定式是阻碍大学生创新力发挥的重要障碍。应让大学生不断吸纳新思维精髓，不断培养新思维精神，不断研究新思维方式，破除思维定式带来的刻板性、僵化性和固定性。

第二是激发和维持创新动机。创新动机是推动大学生进行创新活动的原动力，对于开发大学生创新能力具有十分重要的指导作用、激励作用和强化作用。首先，要从强化动机着手，培养他们的好奇心、好胜心、挑战心理，同时要培养他们的时代感、使命感、奉献精神，使他们产生巨大的前进动力。其次，要充分认识到，动机是由人的需要引起的，并在这种需要达到某种强度时产生。因此，要深入实际，了解和研究大学生在学习、生活和工作中的各种需要，特别是了解和研究国家和社会的需要，从而引发出强烈的创新动机。

第三是培养良好的创新个性。创新的人生就是一个不断完善自身个性的过程，而良好的个性特征也为创新活动提供了必不可少的心理保障。良好创新个性的养成应从以下几方面着手。

① 培养大学生勤奋守时的品德。只有这样，才能真正成为时间的主人，在有限的时间内发挥无限的创新才华。

② 培养学生独立自主的意识。首先，要尊重学生的独立意识和成人感。其次，要培养学生学会选择、学会决定的能力。最后，要倡导自我教育。

③ 培养学生善于推陈出新的品格。因为，新颖性和独特性是创新产品的两个基本特色。

④ 培养学生勇于质疑问难的品格。首先要激疑，即引导学生发现疑点。其次要集疑，即听取疑问的过程。再次是设疑，要求教师根据教学内容，设计出具有针对性和启发性的问题，引导学生思考探讨。之后可组织学生辨疑，通过辩论，问题有所集中，教师再进行定疑，筛选归纳出体现难点的代表性问题，和学生一起解疑。最后进行纠疑，要求学生自我批评，发现整个过程中的不足和错误，及时纠正更改。

⑤ 培养学生善于合作交往的能力。创新不仅是个人独具匠心的智慧结晶，也是集体智慧碰撞而发出的耀眼夺目的火花。首先，要有针对性地训练学生的交往技能。其次，要有意识有目的地改善学生的"交往圈"。再次，要采取多种合作形式。最后，要有效地合作，除了要把握好时间和控制好次数外，更要坚持人人参与、目标明确、收获结果的有效组织标准。

第四是激发和培养创新情感。良好的创新情感可使大学生保持高昂的创新热情和饱满的创造斗志。

① 培养学生高尚的道德情感，这是创新情感培养，乃至创新人格塑造的重要一环。

② 培养学生发现美、欣赏美、创造美的情感体验。要让学生享受自然美，鉴赏艺术美，聆听科学美，体味社会美。

③ 适当的幽默和适时的放松。富有幽默感的人一般想象力丰富，有很高的创造力，健康积极的幽默感对创新活动的发生和发展具有巨大的推动作用。

④ 培养创新激情。创新激情是创新的基础、动力和前提。培养和激发创新激情，需要坚韧、勤勉、自信等品德、品质、情操、性格及正确的世界观、人生观、价值观的教育。

第五是锻造和培养创新意志。当代大学生面临的创新竞争日趋激烈，面临的创新环境日趋复杂，大学生要实现自己的创新目标，成就自己的创新事业，必然会经历各种困难与坎坷，这就需要大学生具有顽强的创新意志。

① 消灭畏难情绪，确立勇敢果断的决心；

② 克服自卑心理，树立大学生坚定不移的信心；

③ 改变懒惰习性，培养坚韧不拔的恒心；

④ 要有雄伟的胆魄；

⑤ 要有顽强的毅力。

（三）开发、培养和提升创新能力

1. 创新能力开发的方法（模式）

其一，戴维斯AUTA模式。G.A.戴维斯提出由4个环节构成的创新能力开发模式，描述了开发创新能力的各个步骤，概括了有关原理，从而为强化创新意识和态度，提高创新思维能力，掌握创新方法提供了一个合理安排教学内容和教学活动的框架。这个模式由意识（Awareness）、理解（Understanding）、技法（Techniques）和实现（Actualization）4个环节组成，各取第一个字母，即AUTA模式。

其二，奥斯本—帕内斯创新性解题训练模式。根据奥斯本的创新过程理论，帕内斯制定了创新性解题模式（CPS）。CPS的5个阶段都要首先进行发散思维，随后进行收敛思维。该模式教学目标：使学习者善于发现问题；使学习者能够确定问题；使学习者能够打破习惯性思路；学习者应学会推迟判断；学习者应学会看出新的关系；学习者应能评价行动的后果。

2. 创新能力开发的专项训练模式

其一，提高认识问题能力的训练。哈佛大学商学院的"创造性销售战略"课程，安排学生与商业公司的经营人员一起讨论公司遇到的问题，要求学生通过讨论发现该公司存在的具体问题，经过这种训练，提高学生认识问题的能力，使其创新能力得到开发。

其二，树立创新的积极态度的训练。梅根鲍姆以各种职业的成年人为对象开设的改变自我形象、开发创新能力的课程，采取了自我教学方法。要求学习者遇到问题和解决问题时，对自己做三种陈述：心理能力自我陈述，即估量所遇到的问题，我能够、我必须做什么；返回幼稚状态的自我陈述，即放松控制，让意识随意漂浮，自由联想；态度和人格自我陈述。这些训练可以明显提高创新能力测验中的流畅性和独创性得分。

其三，提高说服力的训练。说服别人支持自己的创新性设想是设想得以实施的一个重要条件。佛罗里达创新性解题课题中，专门有一个单元是说服他人的训练，由确定目标、寻找说服对象、制定说服策略、口头表达和文献写作等步骤组成。

（四）训练、养成和提高创新性思维

1. 创新性思维的训练

加强大学生创新性思维的训练和提高，目的在于促使大学生努力探索事物存在、运动、发展和联系的各种可能性，摆脱习惯思维的单一性及传统思维模式的僵化性。主要着眼于以下几类思维能力的训练：探索性思维能力，体现在大学生是否敢于对已知的结论和实施产生怀疑，是否敢于面对压力提出自己的新见解，是否敢于在自己不太熟悉的领域去探索新问题；运动性思维能力，即要敢于并善于打破思维僵化的禁锢，使思维朝着正面、逆向、纵向、横向以及全向自由运动；选择性思维能力，在无限的创新与发明课题中，选择的能力尤为重要；综合性思维能力，创新的过程是人类大脑将收集到的信息综合起来并产生新信息的过程，为适应这种需要，必须训练并培养大学生提炼内涵、把握精髓、举一反三、高度概括的综合性思维能力。

开发创新性思维的常用方法：头脑风暴法，由美国发明家奥斯本首创，是一组人员通过开会的方式对某一特定问题出谋献策、群策群力、解决问题；纵向思维法，即将思维发展方向在纵向的发展上延伸，依照各个步骤和发展阶段进行思考，从上一步想到下一步，从而设想、推断出下一步的发展趋向，确定研究内容和目标；颠倒思维法，即将思考对象的整体、部分或有关性质颠倒过来，以求得到新的思维产物；克弱思维法，即在求异思维时，克服有关事物的弱点，以此作为创新性思维的突破点；信息交合法，即在求异思维中，利用各种信息进行重新组合排列，从而产生新颖、独特的创新性信息。

2. 激发灵感思维

第一，创新灵感要在长期积累的前提下偶然得之。灵感的出现离不开知识素材的积累，积累是量变，灵感跃现是质变；第二，创新灵感要在有意追求的过程中无意得之，有意追求是指紧张勤奋的思维劳作加上矢志不渝的创新指向；第三，创新灵感要在循常思维的基础上反常得之，循常思维是一种遵循常规路线的循轨思维；第四，创新灵感要在良好的精神状态下怡然得之，灵感的出现有赖于良好的精神状态，忧心忡仲、萎靡不振、心绪烦乱会把灵感赶走；第五，创新灵感要在和谐的环境中欣然得之，优美、整洁、宁静的自然环境和宽松、愉悦、祥和的社会环境，更利于灵感的引发。

3. 充分发挥学校在培养学生创新思维中的作用

第一，应树立学生在创新思维培养中的主体地位，让学生从自己的摸索中找到答案，从而激发学生的创新兴趣，了解创新方法，培养创新精神；第二，积极开展艺术教育，全面发展学生创新思维；第三，为学生提供轻松环境，尽量减少对学生思维的限制，对学生的想法不批评、不指责，而是引导；第四，改变测试方法和评价标准，促进学生创新思维发展；第五，鼓励学生尝试，只有不断地尝试，学生才会体会到创新的乐趣，体会到创新成功后的成就感。

八、创新与相关概念

马克思曾评价说：《科伦日报》以"此外"一词开头，谈到这个问题，即事情的实质，像手艺工人在手艺工人节发表演说时以"总之"一词开头一样，不过决不应低估《科伦日报》在创新方面的功劳，因为我们始终愿意承认该报的一种既独特又值得赞扬的习惯，即在研究普遍感兴趣的问题时，"此外"也涉及"事情的实质"。这虽然有黑色幽默，揶揄了《科伦日报》，但是其对创新的密切关注于此可以管窥。既然创新被重视，那么自然有其他相关概念的支撑、说明和补充，共同构建起对创新的具体认识。这些相关概念有：创造、创立、发展、发明、发现、革命、改革、革新、进步和"新事物"等。我们要考察马克思主义经典作家对相关概念的使用，以明确它们与创新概念的内在联系。

（一）创造与创新

创造是一个与创新相近的概念。马克思的创造概念是一个人类学的概念，是一种以人为中心，把人的创造活动理解成人类世界的自我构成原则的人类学世界观。当然，这种世界观看到的人类创造活动的历史展开过程是以一种"异化"的方式实现的。马克思确认：只有人才是世界上唯一能够从事自主的、独立的、全面的创造性活动的存在物，只有人的活动才称得上真正的创造。资本主义创造是通过工人阶级实现的，在《雇佣劳动与资本》《哲学的贫困》等作品中，马克思、恩格斯揭示了以剥削雇佣劳动为基础的资产主义社会的实质，说明阶级对抗体现的是劳动和资本的利益对立，指出资本家通过"自由"交换得到"劳动"，即工人的生产活动，亦即创造力量，使"劳动力"成为商品。工人创造的商品越多，他就越变成廉价的商品。物的世界的增值同人的世界的贬值成正比。劳动生产的不仅是商品，它生产作为商品的劳动自身和工人，而且是按它一般生产商品的比例生产的。这一事实无非是表明：劳动所生产的对象，即劳动的产品，作为一种异己的存在物，作为不依赖于生产者的力量，同劳动相对立。

由此可见，创造是劳动、生产的主要内容，如果看作是创造性劳动的话，那么就与重复性劳动一起构成劳动。但创造并不一定给劳动者带来好处，在资本主义条件下，创造越多商品，劳动力商品就越廉价，"物的世界的增值由于不知道剩余价值规律，也没有掌握生产资料和政权，工人创造得越多就给自己创造越多的窘境和危机，受苦于异化劳动"，工人在他的产品中的外化，不仅意味着他的劳动成为对象，成为外部的存在，而且意味着他的劳动作为一种与他相异的东西不依赖于他而在他之外存在，并成为同他对立的独立力量；意味着他给予对象的生命是作为敌对的和相异的东西同他相对立。

如此观之，创造孕育创新，以之为目标，需要把握规律和增加利益总量，才能转化为创新；同时，创新需要创造，以之为基础，必须有利于创造者。

（二）创立与创新

马克思认为，创立专门用来指理论的、制度的、组织的创新。例如在创立组织方面，恩格斯说，"国际本身只存在了 9 年，但它所创立的全世界无产者永久的联合依然存在，并且比任何时候更加强固"，而且"奠定了工人国际组织的基础，使工人做好向资本进行革命进攻的准备""让市民社会和舆论界创立本身的、不依靠政府权力的机关"。在制度的创立方面，如"资产阶级摧毁了封建制度，并且在它的废墟上建立了资产阶级的社会制度"，"现代资本主义生产方式所造成的生产力和由它创立的财富分配制度，已经和这种生产方式本身发生激烈的矛盾，而且矛盾达到了这种程度：以至于如果要避免整个现代社会毁灭，就必须使生产方式和分配方式发生一个会消除一切阶级差别的变革"。在创立理论方面，"如果不是先有德国哲学，特别是黑格尔哲学，那么德国科学社会主义，即过去从来没有过的唯一科学的社会主义，就绝不可能创立。如果工人没有理论感，那么这个科学社会主义就绝不可能像现在这样深入他们的血肉。"又如，恩格斯说："我和马克思共同工作 40 年，在这以前和这个期间，我在一定程度上独立地参加了这一理论的创立，特别是对这一理论的阐发。"此外，创立还与发展密切相关，分别从质变和量变角度来说明创新。例如毛泽东在《上海太原失陷以后抗日战争的形势和任务》中写到：1938 年春，新四军挺进华中敌后，开展抗日游击战争，先后创立、发展和巩固了苏南、苏中、苏北、淮南、淮北、鄂豫皖、皖中、浙东等敌后抗日根据地。马克思认为，创立从不用来指技术、工具或机器等具体生产资料方面的创新。

马克思、恩格斯从 19 世纪 40 年代开始在批判地吸收人类文明优秀成果的基础上创立新的世界观，并同工人运动结合起来。在《关于费尔巴哈的提纲》中，马克思指出包括费尔巴哈在内的一切旧唯物主义忽视实践作用的缺点，说明了实践是认识的基础和标准，人们的思维是否具有"客观的真理性"，是一个实践问题，只能由实践来证明。他还指出，人的本质不是单个人所固有的抽象物，在其现实性上是一切社会关系的总和。进而揭示新旧世界观的根本区别，提出了马克思主义哲学的使命："哲学家们只是用不同的方式解释世界，而问题在于改变世界。"为此，1847 年他们参与创立第一个无产阶级政党，同工人运动中的各种错误思潮进行斗争；又在 19 世纪 50 年代后半期创立剩余价值理论，促使社会主义从空想变成了科学。由此可见，创立是创新在组织、制度或者理论方面的体现，要创造新的组织、制度或者理论，并立得住，能发挥作用。正因为这样，前人的知识通过科学社会主义的创立，使人们对思想和历史的认识被提高到科学水平，使各种科技创新互相联系，创立各种理论的、制度的、组织的体系，反过来在一个新的水平上促进科技创新。显然，创立在本质上是创新，创新可以表现为创立。

（三）发明、发现与创新

1842 年 11 月至 1844 年 8 月恩格斯在英国期间考察了英国工人阶级状况，强调科学技术的进步、机器的发明和应用对生产的发展以及对社会生活的影响。他指出，1787 年卡特赖特博士发明了动力织机，这种机器又经过多次改进，到 1801 年才可以实际应用。他又写到："牛顿由于发现了万有引力定律而创立了科学的天文学。"可见，发明与创新有一定差距，不但需要"多次改进"以便应用，即使在科学理论领域也还没有达到"创立"的高度。恩格斯说，专利局的大量档案废纸证明在许多情况下发明和发现不见得提高了劳动生产力。同时恩格斯也论述了解决问题的手段"不应当从头脑中发明出来，而应当通过头脑从生产的现成物质事实中发现出来"，客观世界为一切发明提供了想象的样本。显然，发明强调的是发挥主观能动性，发现则强调客观真实性，较为基础，更注重把握客观规律，要求必须是正确的认识。（科学发现一定是创新，是认识上的创新；发明有可能是创新，只有在增加利益总量例如提高了劳动生产力时，才会转化为创新。）正因为如此，发明与创造一样都孕育着创新，被合称为发明创造。发明在理论、工具、机器之外，还可以用来指创造新的方法，工艺方面如 1780 年发明了搅炼，即用高温和抽出碳素的办法把生铁变成锻铁，制度方面如需要发明一套新的更完善的社会制度，并且通过宣传，可能时通过典型示范，从外面强加于社会。客观规律基础上的发明，虽然并不直接等于创造经济价值，但是为新的经济创新提供了生产力基础。科学就是靠这些发明来驱使自然力为劳动服务的，劳动的社会性质或协作性质也由于这些发明而得以发展。劳动生产力越高，消耗在一定量产品上的劳动就越少，因而产品的价值也越小。因为产品的市场价格由生产这种产品的社会必要劳动时间决定，价值比先应用新发明的产品高。所以，这些发明就使企业含较低价值的产品能够在市场上按照较高价值交换，获得超额剩余价值，体现在财务报表上就有较高的利润。这时，发明才实现了新的经济效益。

发现是把握了规律、真相的认识创新；发明虽然可以用于生产资料、制度和理论等，但还只是创新的准备阶段，需要一方面确保各环节的配套，另一方面得到正确的实际应用，获得效益，才能转化为创新。这由发明的英文"invent"的释义得到证实："invent"意为实现创意，侧重于发挥人的能动性，并不直接增加效益。

（四）革命、革新与创新

马克思主义的创新之一是唯物史观，阐明了物质生产对人类历史的决定作用，认为生存是人类历史的第一个前提，首先需要衣、食、住等生活资料。因此，第一个历史活动就是生产满足这些需要的东西，即物质生活本身的生产。唯物史观揭示了生产力和生产关系的辩证关系，生产力决定生产关系，发展到一定阶段就同现存生产关系发生矛盾，需要变革生产关系，使其与生产力的发展相适应。这种矛盾是一切历史冲突的根源，引起历史上不同所有制的更替，产生各阶级之间的冲突和社会革命，表现为思想斗争、政治斗争甚至武装斗争。最终要废除私有制，消灭任何阶级的统治和阶级本身。随着阶级和分工的消灭，城乡对立、脑力劳动和体力劳动的对立也将被消灭，劳动成为自由自觉的活动，每个人都得到自由全面发展。为此，无产阶级必须先夺取政权，争得民主。这就是无产阶级革命的目的和最重要条件，无产阶级"通过革命使自己成为统治阶级，并以统治阶级的资格用暴力消灭旧的生产关系，它在消灭这种生产关系的同时，也就消灭了阶级对立的存在条件，消灭了阶级本身的存在条件"。显然，物质生产满足衣、食、住等的需要是为了基本生存；阶级之间的冲突和社会革命变革生产关系是为了顺利生产；夺取政权，争得民主，消灭三大差别是为了幸福生活。生存包含于生产，生产包含于生活。因此，所谓革命并不是庸俗化的"革掉别人的命"，而是革新生命，这里的生命包括生存、生产和生活三个层次。革命是重大创新。马克思、恩格斯对工业革命变革英国的论述如下："英国这种变革很可能会比法国的政治革命或德国的哲学革命在实践上更快地达到目的。英国的革命是社会革命，因此比任何其他一种革命都更广泛，更有深远影响。"我们发现，革命包括却绝不限于革命战争，可以指一切领域的决定性创新。一提起革命就想起暴力，这是刚从战争年代走过来的惯性思维。革命是指各个层次的影响重大的创新实践，正是在这个意义上，邓小平指出"精简机构是一场革命"，改革是中国的第二次革命；邓小平在《社会主义也可以搞市场经济》一文中指出"离开了生产力的发展、国家的富强、人民生活的改善，革命就是空的"。

革命或者改革都是从创新实践的角度说明创新，当要突出创新效果的时候，多处用的是革新一词。如"劳动过程的技术条件可以大大革新""革新了的犹太教""蒸汽纺纱厂也像'较晚的革新'一样"，异常迅速地得到推广。列宁也从强调创新效果的角度说，我们现在要问大喊大叫要"革新"这个理论的人，究竟对这个理论有什么新的贡献呢？这也表明革新必须有新贡献。列宁还要求政策必须"改造和革新人民的生活"，要求中央委员会的工人"真正致力于革新和改善机关"；五四运动被毛泽东称为文化革新运动，也是因为其具备反帝反封建的创新效果。当然，围绕着创新还有很多其他概念，例如在强调创新效果的时候还用了"进步"概念："使革命成为社会进步和政治进步的强大推动力""蒸汽织机得到了实际应用，给予工业进步以新的推动"。因此，也就有了"理论进步""生产的进步"和"人类的进步"等提法。但"进步"仅限于人造事物的范围，而从不用于自然界。与进步一样可以用来强调人造事物的创新效果的是发展一词。因为"真实的、具体的同一性自身包含着差异、变化"，马克思主义基本原理认为发展的实质是新事物代替旧事物，不难发现所谓"新事物"是对创新结果的静态描述，是创新的最终结果。但"新事物"并不限于有人参与的积极变化，可以指一切新出现的符合规律的事物。这样看来，发展可以产生"新事物"，创新也可以产生"新事物"，但是发展可以用于没有人参与的"新事物"，可以忽略能动性的作用；创新则必须有人的参与，强调的正是能动作用。创新不能用来表述自然界的"新事物"。守旧作为创新的对立面，其反动性就表现为用旧事物来抵制新事物，用唯心主义、形而上学反对唯物辩证法。因此，旧事物的拥护者是反动派，**新事物的拥护者就是革命派**。在这种较广泛的意义上，创新性人才都是革命者，具有革命性。这些概念都从各自角度具体说明了创新，丰富了创新内涵。

总之，马克思认为，创立、发展、发现、革命、改革、革新和进步等都涉及创新的内涵。但主要用革命、改革来描述创新实践，突出创新过程；而用革新、进步来描述创新效果，突出结果。当发展用于人化事物时是从动态角度来说明创新，以前一阶段的创新成果为基础。"新事物"则从静态角度描述创新结果。发现则主要指把握了规律、真相的认识创新。创立专门指对理论、制度和组织的创新，与革新、进步一样都着眼于创新成果。发明是创新的准备阶段，与创造相近，都需要实践检验。创造是劳动与创新之间的过渡概念，需要把握规律和增加利益总量，才能转化为创新。创新则以创造为基础，必须有利于创造者。

第二节 解读创业

一、"创业"的概念内涵

商务印书馆出版的《现代汉语词典（第6版）》解释"创业"为创办事业。上海辞书出版社出版的缩印本《辞海（第六版）》将"创业"解释为创立基业，并举证：《孟子·梁惠王下》有"君子创业垂统，为可继也"。

我国有学者认为创业有广义和狭义之分，广义的创业指创办新的企业，以谋取商业利益的活动；狭义的创业是指创业者的生产经营活动，主要是开创个体和家庭的小业主。我们认为，创业在本质上是一种新价值的创造活动，既包括创办新的企业，也包括企业内部新业务的开展，前者可称为个人创业，后者可称为公司创业。

根据杰夫里·提蒙斯所著的创业教育领域的经典教科书《创业创造》中对创业的定义：创业是一种思考、推理结合运气的行为方式，它被运气带来的机会所驱动，需要在方法上全盘考虑并拥有和谐的领导能力。创业是创业者对自己拥有的资源或通过努力能够拥有的资源进行优化整合，从而创造出更大经济或社会价值的过程。创业是一种劳动方式，是一种需要创业者运营、组织并运用服务、技术、器物作业的思考、推理和判断的行为。

科尔从商业领域的角度，把创业定义为：发起、维持和发展以利润为导向的企业有目的性的行为。在商业意义上，创业被理解为创造新事物（新产品，新市场，新生产过程或原材料，组织现有技术的新方法）的机会，如何出现并被特定个体发现或创造，如何运用各种方法去利用和开发它们，然后产生各种结果。通俗来讲，即发现了一个商机并加以实际行动将其转化为具体的社会形态，获得利益，实现价值。

二、创业者的类型

随着经济的发展，投身创业的人越来越多，《科学投资》调查研究表明，国内创业者基本可以分成以下类型。

（一）生存型创业者

生存型创业者大多为下岗工人、失去土地或因为种种原因不愿困守乡村的农民以及刚刚毕业找不到工作的大学生。这是中国数量最大的创业人群。清华大学曾做的调查报告指出，这种类型的创业者占中国创业者总数的 90%。其中许多人是被逼上梁山，为了谋生混口饭吃。一般创业范围均局限于商业贸易，少量从事实业，实业也基本是小型的加工业。

（二）主动型创业者

主动型创业者又可分为两种，一种是盲动型创业者，另一种是冷静型创业者。前一种创业者大多极为自信，做事冲动。这种类型的创业者，大多是博彩爱好者，喜欢买彩票，喜欢赌，而不太喜欢检讨成功概率。这样的创业者很容易失败，但一旦成功，往往就是一番大事业。冷静型创业者是创业者中的精华，其特点是谋定而后动，不打无准备之仗，或是掌握资源，或是拥有技术，一旦行动，成功概率通常很高。

（三）赚钱型创业者

赚钱型创业者除了赚钱，没有什么明确的目标。他们就是喜欢创业，喜欢做老板的感觉。他们不计较自己能做什么，会做什么。可能今天在做着这样一件事，明天又在做着那样一件事，他们做的事情之间可以完全不相干。甚至其中有一些人，连对赚钱都没有明显的兴趣，也从来不考虑自己创业的成败得失。奇怪的是，这一类创业者中赚钱的并不少，创业失败的概率也并不比那些兢兢业业、勤勤恳恳的创业者高。而且，这一类创业者大多过得很快乐。

（四）反欺诈委托加盟

反欺诈委托加盟是一个新的业务模式。加盟投资商委托一家公司帮着加盟策划，以达到规避加盟风险和引进合适的加盟项目，比如万城网推出的各县区区域加盟就是典型的加盟创业。反欺诈委托加盟绝对不只是简单地为加盟投资商推荐一家连锁企业，而是从加盟创业、维权、店铺经营这三个方面进行整体策划。这一全新的概念是由伦琴反欺诈加盟网提出的。

第三节　解读创新创业教育

一、何谓创新教育

学界对"创新教育"的概念定义林林总总，代表性的观点有如下几种。

① 创新教育是指利用遗传与环境的积极影响，发挥教育的主导作用，充分调动学生认识与实践的主观能动性，注重学生的主体创新意识、创新精神、创新技能的唤醒和开发培育，形成创新人格，以适应未来社会需要和满足学生主体充分发展的教育。

② 创新教育是随知识经济兴起而出现的一种新的教育理念，要求教育以创造为本体，培养学生的创新意识、创新能力、创新人格。

③ 创新教育可以理解为知识经济和信息时代所需要的，以培养学生创新意识、创新精神、创新能力、创新技能为目标的，以现代大学为主要实现机制的教育观念、教育思想、教育形式和教育模式。

究其大类，可以分为两种：一是把创新教育定义为一种相对于守成教育、接受教育等传统模式而言的新型教育；二是把创新教育定位为以培养创新素质（包括创新意识、创新思维、创新精神、创新能力、创新人格等）和创新人才为目的的教育活动。

创新教育首先是一种新的教育理念，是对传统教育观念和模式的反思、否定和升华，也是现代教育的灵魂。同时，创新教育还是一种教育活动，是培养学生创新精神和创新能力的一系列教育实践。故而，创新教育是与"客体"教育、精英教育相对立的，坚持"创造本位"，是培养学生再次发现能力、实践能力的教育理念和教育实践的统一体。

二、何谓创业教育

1989 年 12 月，联合国教科文组织在北京召开的"面向 21 世纪教育国际研讨会"正式提出了"创业教育"的概念——从广义上说，创业教育是为了培养具有开拓性的个人。

关于"创业教育"的概念和内涵，学界存在诸多观点，大致有以下表述。

① 大学生创业教育，就是通过高校课程体系、教学内容、教学方法的改革以及第二课堂活动的开展不断增强大学生的创业意识、创业精神和创业能力，并将其内化成大学生自身的素质，以催生时机成熟条件下的创业人才。有学者认为，创业教育是指以创办企业所需要的创业意识、创业精神、创业知识、创业能力及其相应实践活动为内容进行的教育。

② 创业教育是开发和提高学生创业基本素质的教育，是一种培养学生的事业心、进取心、开拓精神、创新精神，进行从事某项事业、企业、商业规划活动的教育。

③ 创业教育应体现为以人的创新能力和综合素质的培养为核心的广义的创业教育和以创业基本素质与具体创业技能的培养为主要目标的狭义的创业教育的结合。

④ 创业教育是指开发和提高青少年的创业精神和创业能力，培养未来企业家的教育思想和教育实践，是相对就业教育而言的一种教育理念、教育模式。创业教育就是培养学生创业意识、创业精神和创业能力的教育。

此外，众多学者都从广义和狭义两方面对"创业教育"进行定义，但对两方面内容的界定则存在诸多不同：有学者认为广义的创业教育指以激发学生创业意识，培养、开发学生创业素质与能力为核心，以培养可能的未来企业家为最高目标的教育；狭义的创业教育即指创业培训，以培养自主创业、自谋职业的小老板为唯一目标，通过培训为受训者提供创业所需的知识、技能、技巧和资源，使其能开创自己的事业。有学者则认为广义的创业教育就是要培养具有开创性个性的人；狭义的创业教育是一种培养学生从事商业活动的综合能力的教育，使学生从单纯的谋职者变成职业岗位的创造者。还有学者认为，广义的创业教育是"培养具有开创性的人，通过相关的课程体系，提高学生的整体素质和创业能力，使其具有首创精神、冒险精神、创业能力、独立工作能力以及技术、社交和管理技能"；狭义的创业教育则指"为创办企业所接受的职业教育"。

学界对于"创业教育"的具体范围虽然认知不一，但不存在本质区别。我们认为，从广义和狭义两个角度认识创业教育则更为全面和合理，狭义的创业教育，即为创办企业所进行的教育活动；广义的创业教育则是创业素养教育，即为培养创业素质和开创性人才的教育理念和教育实践。

三、创新教育与创业教育

关于创新教育与创业教育的关系，学界存在诸多看法主要包括以下几种。

① 创新教育是创业教育的基础与起点，创业教育在一定意义上是创新教育的逻辑延伸。创新教育的质量在很大程度上决定了创业教育的质量，创新教育甚至可以说是创业教育的生命。

② 创新教育是创业教育的基础，创业教育是要培养受教育者的创新意识、创新思维、创新人格，锻炼创新能力，创业教育是创新教育的进一步延伸和实用化，是一种更高层次的素质教育。

③ 创新教育和创业教育在很大程度上有交集，在很大程度上是重合的。两者的目标取向是一样的，都是要培养具有创新精神和实践能力的人；两者的作用是有效的，创新教育使创业教育融入了素质教育的要求，创业教育则使创新教育变得更为具体实在。当然，两者也有差别，创新教育注重的是对人的发展的总体把握，更注重创新思维的开发；而创业教育则更注重如何实现人的自我价值，侧重于实践能力的培养。但两者的共性要远远大于其个性。

④ 创新是人类社会发展的根本动力，没有教育领域内的创新，就难以有人类社会的发展，创新教育是知识经济时代的内在要求，是中国高等教育顺应经济全球化的需求。有学者则认为，创业教育在我国具有十分重要的地位，实施创业教育对推动我国经济发展和保持社会稳定具有十分重要的价值。对于当下中国社会而言，创业教育比创新教育更重要、更迫切。

我们认为，创业教育与创新教育密不可分。首先，"创新"与"创业"二者实质上紧密相关，创新是创业的本质，创业是创新的载体和表现形式，创新也只有通过创业才能实现其更大的价值。"在创新中创业，在创业中创新"是创新创业的应有之义。其次，创新教育与创业教育更是密不可分。二者都是一种全新的教育理念和教育模式，相辅相成。创新教育与创业教育的目标取向是一致的、功能作用是同效的，都是为了培养学生的创新精神和实践能力。创新教育是创业教育的基础、本质与核心；创业教育是创新教育的典型形式和延伸，也是衡量和检验创新教育质量的主要标准。

创新教育与创业教育的区别则在于创新教育更侧重于理念，创业教育更侧重于实践。创新教育是以培养学生创新精神和创业能力为基本价值取向的教育，注重的是对人的发展总体的把握，表现更抽象，注重观念、思想和制度等主观层面的把握，不易量化，主观性更强；而创业教育是开发提高学生创业基本素质，培养创业意识，形成创业初步能力的教育，注重的是人的价值的具体体现，表现更具体，注重行动、结果等客观层面的把握，容易量化，客观性更强。

从发达国家创新创业教育的成功实践来看，基于创新创业教育天然的内在联系，也通常把创新创业教育视为一体，即便某个学校明言自己某个计划是"创业教育"，实质上还是"创新创业集合"。因此，在创新创业教育中，不应把"创新"与"创业""创新教育"与"创业教育"割裂开来。

四、创新创业教育的内涵性质

（一）创新创业教育是"四创"合一教育

创新创业教育是创造、创新、创业、创优合一的教育。创造是一种思维方式，创业是一种生存方式，创新是一种发展能力，创优是一种精神品质。从最广泛意义上讲，所有新颖的、独特的、具有价值的物质或者精神成果都属于创新；试图做出这种创新性成果的活动过程就是创造；利用商业机会和社会资源将这种创新性成果（产品及服务）具体应用于生产经营活动、增长社会财富的动态过程就是创业；而创优则贯穿于创造、创新和创业的始终。也即是说，创造就是提出新想法、造出新产品、构建新理论的一个从无到有的过程；创新就是对现有事物的再认识、再发现；创业则是在创新和创造的基础上，将创新和创造的结果应用于资本、技术、管理、制度等方面，产生经济效益和社会效益；创优则是创造、创新和创业的升华。

创新创业教育就是以培养创造性思维、创新精神、创新能力、创优意识为目的的教育形式，其注重人的主体精神和全面发展。

（二）创新创业教育是新型素质教育

人类社会的教育经历了从守业教育到素质教育再到创新创业教育的伟大变革。守业教育属于传统教育模式，即以保守的教育思想为指导，以注重传统和维护现有秩序为宗旨的教育活动。守业教育以继承为本位，忽略了人的创造性，在我国具体体现为应试教育。"重教有余，重学不足；灌输有余，启发不足；复制有余，创新不足"是守业教育的典型特征，学生"应试能力强，动手能力、实践能力差"是守业教育的结果描述。在反思传统教育模式的基础上，一种新的教育理念和教育模式——素质教育应运而生。素质教育注重培养人的健全人格和综合能力。

随着工业 4.0 时代的到来，高等教育迈入大众化阶段，创新创业教育成为历史必然。创新创业教育是素质教育发展的新阶段，是知识经济时代素质教育的具体要求和新型体现。创新性思维、创新精神、创业能力、创优意识是新时代人最重要的素质，创新创业教育则是以上述学生素质为培养目标的教育实践活动，具有创新性、实践性、主体性、互动性等特征，是素质教育的深入与发展、延伸和拓展。创新创业教育也使得素质教育的目标更具体、更升华、更具有操作性，也更与时俱进。当今各国都非常重视创新创业教育，我国亦将创新创业教育作为突破口，改革教育体制，全面推进素质教育。

（三）创新创业教育并非独立的教育体系

与基础教育、职业教育、继续教育三大教育体系相比，创新创业教育在国外发达国家的独立化趋势越来越明显，但其本身并不是一个独立的教育体系。创新创业教育仍采用建立在这三大体系基础之上的教育理念、教育思想、教育形式和教育模式，创新创业教育融合、贯穿于三大教育体系之中。诚然，创新创业教育模式是对传统守成性、适应性、专业性教育模式的改造、延伸和提升，但其不能脱离传统教育模式而存在，只是其更强调基础教育、职业教育、继续教育的融合，更注重知识教育、能力教育和情感教育的结合。

五、创新创业教育的基本特征

创新创业教育是传统教育模式的超越，突出表现为教育受众的主体性和全员性、教育形式的实践性和多样性、教育方法的引导性和前瞻性、教育过程的开放性和互动性。

（一）教育受众的主体性和全员性

创新创业教育是一种面向未来的教育模式。高等教育已经从精英化迈入大众化阶段，创新创业教育是高等教育改革和发展的方向。创新创业教育面向的不只是那些拥有创业意向的毕业生或者大学生，而是面向所有学生，因为那些走向工作岗位的学生在自己的领域、战线上开创自己的事业也属于创业。因此，创新创业教育具有全员性，它面向全体学生，应与专业教育相结合，注重培养创新精神和创业能力，将创新创业教育融入人才培养的全过程。

创新创业教育与传统教育模式的最大区别就是：充分尊重学生的主体地位和独立人格，鼓励学生发扬个性，注重挖掘学生潜质，其课程设计、教学内容、教学方式方法等都是以学生为中心，培养学生的独创性、开创性，使其具备批判性思维、创新性思维和发散性思维。

（二）教育形式的实践性与多样性

创新创业是一种实践性活动，这决定了创新创业教育同样必须具备非常明显的实践性。成功的创新创业活动要求创新创业者不仅要掌握全面的创新创业知识，更重要的是具备创新创业能力，包括能把握商业机会的能力、交际能力、分析能力、管理能力等，而此类能力的培养离不开实践性教学，其教育内容、教学课程、教学方法均需体现实践教学的特点。

创新创业教育的实践性教学需要以多样化的教育形式做支撑。通过丰富的、多样化的课程体系设置和教育教学形式，使教学与社会生活和生产紧密结合，使学生不仅成为教育的主体，而且成为实践的主体、创造的主体。

（三）教育方法的引导性与前瞻性

创新创业教育重在鼓励、引导和指导。与单纯的知识教育和技能教育相比，创新创业教育更注重学生创新创业意识、思维、精神等创造性观念的培养和创新创业能力的养成，注重塑造学生的创造价值观。创新创业教育不能代替新创业活动本身，只能通过创新创业教育积极引导和鼓励学生创新创业。

创新创业教育除了承担着教育的知识传承功能，还承担着知识和技能的发展创新功能。因此，可以说，创新创业教育是一种引导性、前瞻性教育。也正因为创新创业教育的前瞻性使其具有极强的生命力和竞争力。

（四）教育过程的开放性与互动性

与传统的封闭教育模式不同，创新创业教育是一种个性化教育，尊重教育主客体在学习时间、学习内容、学习空间上的自由选择，突出开放性的办学模式和多样化的教学内容，充分挖掘和整合课内外、校内外教学资源。

创新创业教育个性化培养模式要求师生之间、学生之间有更多的交流、沟通、合作，要求学生参与教学的程度更高。在这种互动性教学中，通过讨论、辩论乃至争论，理解对方的观点和看法，进一步修正自己的创新创业计划，提升创新创业能力。

六、创新创业教育的价值意义

创新创业教育在全球的蓬勃兴起具有深刻的社会背景，是知识经济时代的需要，是经济增长的内在动力，是国家兴旺发达的迫切要求，还是教育改革的必然趋势。联合国教科文组织明确指出：培养学生的创业技能和主动精神，应为高等教育主要关心的问题，并提出创新创业教育是"21世纪的教育哲学"中学习的"第三本护照"，和学术教育、职业教育具有同等重要的地位。

（一）创新创业教育是知识经济时代的客观需要

20世纪90年代后，以信息技术、生物技术为代表的知识经济迅猛发展，这预示着人类已迈入知识经济时代。企业的竞争从资本、价格、产品等有形资源转变为智力资本、技术革新和管理创新等无形资源。在日趋复杂、激烈的竞争环境中，企业的管理者更需要用创新的眼光审视环境、识别风险、把握机会，用创造性的方式进行管理。

近年来德国政府提出"工业 4.0"这一高科技战略计划，2014 年中德双方宣布两国将开展"工业 4.0"合作，《中国制造 2025》应运而生。"工业 4.0"时代带来人才需求的重大挑战：一是人在生产制造中的角色将由服务者、操作者转变为规划者、协调者、评估者、决策者、高智能设备和系统的维护者，这是对人才能力的高层次创新要求，需要通过新时代的创新创业人才培养来实现；二是智能化时代的到来必然导致更多的企业员工富余，失业率高涨，高校就业率下降。时代呼吁创新创业人才的涌现，创新创业型人才的培养主要靠教育，大力发展创新创业教育是知识经济时代的客观需要。可以说，谁占领了创新创业教育，谁就占领了知识经济的制高点，在未来竞争中将立于不败之地。

（二）创新创业教育是经济持续增长的内在动力

第二次世界大战之后，人们普遍担心困扰资本主义的经济萧条、经济衰退会再次出现。然而，半个世纪过去了，经济衰退和经济萧条并没有出现，相反世界经济持续繁荣。对此，经济学家进行了深入研究和分析。研究发现，与传统促进经济增长的资本、劳动力等要素相比，技术和教育为经济增长要素增加了一项新的测算指标，即"技术进步指数"。20 世纪 80 年代，西方经济学家提出来"经济增长的四要素"，把知识经济作为经济增长最重要的因素，视其为经济增长的主动力。

如今，创新创业被视为经济增长的原动力和经济发展的"寒暑表"。而创新创业的活跃得益于创新创业教育的发达。国外发达国家旺盛不衰的创新创业热潮源自创新创业教育的成熟，西方国家发达的创新创业教育大大提升了学生的创新创业能力，培养了学生的创新创业精神，塑造了学生的创新创业人格。以美国为代表的西方发达国家积极开展创新创业教育，形成了多种成熟的创新创业教育模式，创新创业教育课程颇具规模，创新创业教育体系相当完备，基本涵盖了初中至研究生阶段的正式教育。创新创业教育培养了大批创新创业人才，进而成为一国经济持续繁荣、稳定发展的强大动力。因此，创新创业教育已成为经济持续增长的内在动力。

（三）创新创业教育是国家兴旺发达的显著要求

创新创业是一个国家兴旺发达的不竭动力、发展进步的灵魂。美国著名心理学家和教育学家泰勒说过："哪个国家能最大限度地发现、发展、鼓励人们的创造潜能，哪个国家在世界上就会处于十分重要的地位，就可立于不败之地。"创新创业对于个体而言是一种生存方式，对于国家则是一种发展模式。也正因为如此，许多国家都把创新创业置于国家战略的地位。尤其是在知识阶级全面到来的 21 世纪，各国之间的竞争归根结底是创新力的竞争，是人才的竞争。

创新创业教育在培育创新型人才，鼓励、帮助和支持毕业生从事创新创业等方面有着无可替代的作用，有利于毕业生拓展就业门路，为社会创造更多就业岗位，创造更多的社会财富，从当前的经济构成看，中小企业在整个国民经济的比重越来越大，而毕业生创新创业初期都是中小企业，甚至是微型企业。这些企业在激发经济增长活力、推动社会发展方面至关重要。

无论是毕业生创新创业活动的活跃、成功，还是国家创新性人才的培养都离不开创新创业教育。创新创业教育是国家兴旺发达的迫切要求。具体到我国而言，党的十七大明确提出：教育是民族振兴的基石，要优先发展教育，建设人力资源强国；教育部 2007 年下发了《关于进一步深化本科教学改革全面提高教学质量的若干意见》，全面实施质量工程，将培养创新型人才为重点。强化创新创业教育，进一步提高人才的创新精神和创新创业能力，是我国教育质量工程的重要内容。

（四）创新创业教育是教育改革的必然趋势

创新创业教育是知识经济时代对高等教育的必然要求。知识经济时代是一个变革时代，高科技产业迅猛发展，环境日趋复杂多变，社会竞争加剧，越来越强调创新、合作、共享。而高等院校是创新创业人才的培养基地，如何构建创新创业人才的培养体系，是当前教育改革的重大课题。未来学家奈斯比特在《大趋势》一书中指出："作为社会发展重要推动力的高等教育应当而且必须对这一特征做出反应，那就是充分重视知识的共享和人才培养对技术进步、经济增长、社会进步的重要作用，重视传统教育模式的变革，把创新创业人才的培养作为其首要任务。"这就要求国家、社会、学校重视创新创业教育的发展，转变人才培养模式，把培养创新创业人才作为教育改革的主要目标。

创新创业教育是教育现代化的时代反映。高校具有人才培养、科学研究、社会服务、引领文化四大职能，其中，人才培养是首要的、基本的也是核心的职能。而人才培养具有其自身的规律，那就是根据社会需求培养人才，把社会需求作为人才培养质量标准。广泛开展创新创业教育，对高等教育进行改革和发展，提高人才培养质量，以创新创业教育为核心，构建创业创新型人才培养模式和培养体系，培养具有创新精神和创业能力的高素质人才，是时代的需要，是高等教育自身完善的需要。

创新创业教育是高校教育改革的必要举措。创新创业教育越来越受到国家和社会的关注。尤其是对我国而言，高等院校如何转变观念，深化教育改革，改变传统教育模式全面推进素质教育，培养创新创业型高素质人才，从而适应社会主义市场经济的需求，是高等教育改革工作的重中之重。时任国务委员的陈至立在上海召开的第三届中外大学校长论坛上指出："大学是科技进步和人才培养的结合点，在建设创新型国家中担负着重要的使命，肩负着不可替代的历史责任。大学要构建创新型人才的培养体系，成为培养和造就高素质人才的摇篮。"可以预见到，高度重视创新性创业人才的培养，探索创新创业教育模式将成为高校教育改革的一个重点。

七、我国创新创业教育的不足及根源

在政府的推动下，创新创业教育作为我国教育改革和发展的新领域，已经在高校中全面展开，并取得一定成就，呈现出比较强劲的发展态势。但与发达国家相比，仍有很大差距。我国的创新创业教育整体尚处于起步阶段，发展规模较小，且不平衡、不成熟，甚至在部分高校成了"鸡肋"，因而亟须创新。故很有必要考察我国创新创业教育的现状，总结其不足，反思其根源，解决我国创新创业教育面临的问题与挑战。

（一）我国创新创业教育的不足之处

有学者对我国创新创业教育中存在的问题和不足进行研究，大致产生以下三类看法。

部分学者认为，高校创业教育还处于起步阶段，创业教育效果不明显，覆盖面不够广泛，创业意识教育并没有普遍深入到大学生群体当中；大学生普遍缺乏创业所必须具备的相关知识，缺乏创业知识的职业培训，对创业相关政策法规不了解；大学生从业经验不足，融资困难并缺乏创业能力。

也有一部分学者认为，我国创新创业教育存在的问题主要是：认识不足，重视不够，资源投入不大，创业教育效果不明显，学生创业信心不足，自我定位不明确等。

还有学者认为，我国创新创业教育存在的问题主要是：认识不到位，落实不到位，教育理论研究不够，创新创业教育急功近利等。

总之，我国创新创业教育的不足可归纳为以下几个方面。

① 创新创业教育学科尚未形成。我国创新创业教育尚未形成一门学科，目前许多高校都没有把创新创业教育作为高等教育主流体系的一个组成部分，没有给予足够的重视，大多把创新创业教育纳入到企业管理学科，创新创业的分类指导做得还不够，学科地位边缘化倾向明显。

② 创新创业教育整体水平较低。虽然我国政府非常重视创新创业教育，尤其是在大学生创新创业教育方面进行了诸多尝试，但我国的创新创业教育整体水平目前还处于"全球创业观察组织"（GEM）所统计的平均水平之下。由于创新创业教育教师缺乏等原因，我国创新创业教育水平不高，教育规模小，系统性不够，创新创业教育质量也较低。

③ 创新创业教育实效较差。我国创新创业教育的实效性较差，主要体现在大学生创新创业率较低，成功创新创业率更低；科技成果转化率较低；学生创新创业能力较差、创新创业教育辐射幅度和受益面较窄等方面。据清华大学创业中心调查，我国大学生创新创业率不到毕业生总数的1%（发达国家一般占20%～30%），成功率只有2%～

3%，甚至一些大学生创新创业计划的获奖者也表示不会自主创新创业，创新创业计划真正实现成果转化与产业化的比例更低。有学者以江苏为例，调查了高校自主创新创业的学生占毕业生总数的比例，调查结果显示，截至 2006 年 12 月，江苏省高校毕业生自主创业比例有近 2/3 的高校低于 1%，超出 80% 的高校低于 5%，大学生创业比例之低仍然令人忧心。再以科技成果转化率为例，我国科技成果的转化率仅有 6%～8%，而发达国家为 50% 左右，即使是在中关村这样一个人才密度远高于美国硅谷的地方，科技成果的转化率也仅有 20%，而硅谷却高达 60%～80%。同时，我国有些高校的创新创业教育仅使一小部分学生受益，没有形成大学生创新创业教育的大氛围。因为精英色彩较浓，成了少数人参加和关注的活动，绝大部分学生成了"看客"。总之，我国大学生自主创新创业没有为缓解我国就业压力做出显著贡献，大学生创新创业的积极性远远未能发挥。究其原因，创新创业教育的落后是主要因素之一。

④ 创新创业教育课程多于形式。许多高校对创新创业教育重视不够，创新创业教育仍处于空缺状态。许多高校即使开展了创新创业教育，也仅仅是停留在表面，流于形式，培养目标不清，对创新创业教育的重视度有待提高。

⑤ 创新创业教育发展不平衡。我国创新创业教育发展非常不平衡，东西部地区、经济发达地区与落后地区之间的差异非常明显，这与我国经济发展不平衡、教育资源分布不平衡有很大关系。甚至在校际之间也存在较大差异，教学内容、课程设置、教学对象因校而异，有些学校侧重于本科生创新创业教育，有些学校侧重于研究生创新创业教育；有些学校侧重于文科生创新创业教育，有些学校侧重于理工科学生创新创业教育。

（二）我国创新创业教育问题的根源所在

1. 创新创业教育理念偏差

我国创新创业教育理念不成熟，功利化、简单化、狭隘化倾向严重。我国的创新创业最初设定的目标就是为了缓解就业压力，具有极强的功利性。这种功利性的教育理念导致我国对创新创业教育的理解存在认识片面性问题和理解误区。许多高校并没有真正深刻地认识到创新创业教育的重要性，并没有将创新创业教育上升到国家战略和高校发展核心竞争力的高度；许多已经开设创新创业教育的高校，也没有把创新创业教育纳入正规教育体系中，创新创业成为一种"业余教育"，注重形式，舍本逐末。其结果就是注重学生创新创业操作层面、技能层面的培养，忽视了创造性思维，创新精神、创业意识等精神层面的塑造。可以说，高校和社会对创新创业教育认识的不足，是制约我国创新创业教育的根本原因。

2. 创新创业教育目标模糊

我国在创新创业教育的目标上认识不清楚，远未达成共识。有人认为，创新创业教育属于精英教育；有人认为，创新创业教育的目的在于创业能力的培养；也有人认为，创新创业教育等同于职业教育中的技术训练；甚至有人认为，本科教育属于通识教育，研究生教育属于学术教育，创新创业教育不是高等教育的内容，当然也就不是高校的主要职能。我国绝大多数高校并没有把创新创业能力的培养看成高等教育主流教育体系的一部分，在教学管理方面没有给予充分的重视，学科地位的边缘化倾向明显。一方面，创新创业教育被当成是企业家速成教育，开展创新创业教育活动就是成立大大小小的"学生创业公司"，培养大大小小的"学生老板"，显然这种"拔苗助长"式的创新创业教育活动无法满足我国经济发展对高素质人才的需求。另一方面，创新创业教育仅仅局限于技术创新，而忽略了创意型创业与社会创新。

3. 创新创业教育师资缺乏

有学者以江苏为例进行了调研，调查结果显示，全省影响高校创业教育的主要障碍排在前三位的是：一是师资问题（占 74.80%），二是教育政策不到位（占 34.96%），三是资金不足（占 21.14%）。其中，创业教育师资缺乏最为突出。我国创新创业教育师资问题主要体现在这几个方面：首先，师资数量少，结构不合理，稳定性较差。我国目前创新创业教育师资非常匮乏，创新创业教育专职教师大都是从"两课"教师或者学生管理人员等转变过来的，其知识结构缺陷较为明显。很多高校缺少"双师"型教师和企事业单位的兼职教师。其次，现有师资创新创业实战经验缺乏。我国目前的创新创业教育教师虽然大多数是专家、教授，但大都缺乏实际的创新创业经验或体验，在教学中也很难做到理论联系实际，缺乏对学生创新创业实践的指导。最后，创新创业教育师资管理不善。目前各高校从事创新创业教育工作的教师缺乏组织协调和管理机制，亦没有利益推动机制发展，教师归属感较弱。有必要以一定的组织、领导形式推动机制的建立并对资源加以整合，使其上升到办学理念的高度。

4. 创新创业课程体系不健全

首先，创新创业课程广度不够。我国目前的创新创业教育课程大都是在专业教育课程基础之上作为素质教育课程设置的，由于受到教学计划等因素的制约，课程设计广度不够，兼职课程多，专职课程少，限制了创新创业教育的范围。其次，创新创业教育课程开课率较低。从总体形式来看，不仅实际开设比例较低，且课程分散，有待进一步提高。以江苏为例，虽然开设创新创业类课程已成为江苏高校的普遍共识，开设创新创业类课程呼声也很高，但近年来实际开设或近期拟开设相关课程的院校只占1/3。再次，课程体系化程度不够。我国高校开设创新创业教育课程的做法主要有：在学校公共选修课中开设一些经济管理、企业管理类的课程，在就业指导课中增加部分创新创业内容，开设"KAB 创业基础"选修课，邀请企业家做创新创业报告等。这些零散的课程类型比较单一；研究型学习课程较多，时间操作性较少；选修课较多，必修课较少；尚未形成完整的大学生创业课程体系，课程体系化程度有待提高。最后，课程设置与实践相脱节。很多学校把创新创业教育作为培养学生的业余兴趣的方式，往往会采用讲座、培训等形式。这些泛泛而谈的课程往往只重视理论而忽视实践，或者只重视实践而忽视理论。

5. 创新创业教育内容陈旧

我国目前的创新创业教育学内容整体比较陈旧、片面，成为制约我国创新创业教育发展的重要因素。这主要体现在以下几个方面。

① 创新创业教育内容大多以入门知识为主，在案例选择上也是以成功案例或者励志教育为主，甚至渲染一夜暴富的神话，缺少商业技能的传授和创新创业精神的培养，忽略了创新创业的深层基础。

② 目前许多高校局限于操作层面，注重创新技巧的掌握，把创新创业教育与专业教育割裂开来，导致创新创业教育成为与专业教育脱节的"第二课堂"，包括创业计划大赛、创办科技园、创业孵化器等在内的诸多创新创业教育活动都成为开展第二课堂的创新创业实践活动。

③ 创新创业教育体系不规范，不完整。由于我国创新创业教育起步较晚，没有考虑到创新创业教育涉及多个学科，有其自身的规律，因而尚未形成规范的、完整的教育体系。

④ 创新创业教育与社会需求严重脱节。我国创新创业教育普遍存在专业面较窄、知识结构单一、与社会实际需求脱节等问题，学生亦不能根据自己的兴趣爱好、创业需要选择学习内容和组建知识结构。

6. 创新创业教育模式落后

我国目前创新创业教育在很大程度上是传统的"应试教育"模式的翻版和延续。以考试结果论优劣、以培养"专业对口"的传承性人才为目标、以灌输知识为手段，导致"知行分离"。在创新创业教育实施过程中，仍然是以教师为中心、为主导，以传授沿袭已久的知识为主要内容；学生以听、记为主，考试以书本知识和听课笔记为依据。这种陈旧的、封闭的教学模式"共性有余，个性不足"，忽视了学生的个性差异，忽视了培养和挖掘学生的创新精神和创业能力。这跟源于我国过于集中的教育体制。我国的教育体制属于"模式化"的教育体制，过分追求"统一"：学制统一、教学计划统一、课程安排统一、教学大纲统一、学习程序统一、评定方式统一，最后培养出的学生也是模式化的"同一产品"，从而造成我国教育培养的同一类型、同一层次的"人才"过剩，社会真正需要的创新创业型人才严重不足。

另外，由于创新创业教育尚未被纳入正规教育体系，创新创业教育与原有教育体系存在两张皮的现象，至今还未被列入高校考核评估的指标体系。虽然大多数学校设立了创新创业教育管理机构，但这些机构大都不是专门的，职能分工并不明确，而是分散于学校各个部门，其功能还主要体现在举办创业大赛、创业沙龙或者创业讲座等学生活动层面，甚至作为就业指导工作的一个补充。

7. 创新创业教育支撑体系不完善

创业教育的成功开展，需要良好的创业教育支持环境。这涉及法律环境、政策环境、社会环境等诸多方面。我国目前创新创业教育整体环境较好，但还需进一步完善。

在国家政策环境方面，创新创业教育具体措施不够，法律政策落实不力。政府和有关教育部门在推行创业教育宏观决策方面缺乏足够明确的、强有力的政策和规定；出台的一些鼓励政策，也难以真正贯彻执行。

在学术科研环境方面，创新创业学术研究还有待系统化和深入化。创新创业教育研究取得了一些初步的成绩，但整体上还很落后。其一，创新创业教育研究关注点较为片面，研究的范围还非常有限。目前创新创业学术研究侧重于研究创新的激励机制，缺乏对创新创业教育的系统深入研究。其二，创新创业研究方法和成果还不成熟。在研究方法上，偏重于文献归纳式的定性研究，忽视定量研究和实证研究；在研究内容上，忽视我国创新创业教育实际。其三，教学教改研究大多缺乏可执行性。研究成果简单重复较多，创新不够，尤其是国家层面的"创新创业教育的国家标准体系"还未形成。其四，科技队伍缺乏专业性、稳定性，尚未形成规模化。目前从事创新创业教育研究的学者大都属于"兼职"学者，创新创业研究稳定性、连续性不足。其五，创新创业教育学术环境还有待优化。虽然我国已经在高校教育学会下设立了创新创业教育分会，但是各地方的创新创业教育研究型社团组织尚未成立，这使全国和各区域创新创业教育科研成果难以在期刊发表，尤其很难在权威的顶级刊物上发表。

在社会力量支撑方面，创新创业教育还缺乏企业、公司等社会环境的支持。从西方发达国家创新创业教育的经验来看，创新创业教育绝不仅仅是学校的事情，社会系统应发挥更大的作用，承担更大的责任。但是，我国目前很少有社会风险投资商主动与大学生进行合作，很少有企业愿意提供机会，让学生学习实际的企业治理和经营。政府、大学、企业、其他组织没有形成开放的、多方互动的合力结构。

从文化氛围支撑方面看，创新创业教育环境有待进一步优化完善。尽管我国大力宣传和鼓励创新创业，但对创新创业教育重视、引导力度不够。长期以来，我国教育人才培养目标一直局限于研究型人才，本科毕业生面临的无非就是就业、考研、出国，缺乏对学生创新精神、创业意识的培养。

8. 创新创业教育教材混乱

目前，我国创新创业教育的教材使用非常混乱。外来培训教材大多是管理学教材，与创业相关的专业内容相对较少，很多创业学教材都是机械抄袭杰弗里·蒂蒙斯与小斯蒂芬·斯皮内利的《创业学》，忽视了我国创新创业的规律和实践。就国内培训教材而言，相当一部分高校创新创业教育都是采用自编教材，而这些自编教材鱼龙混杂，标准化程度太低。

9. 创新创业教育形式僵化

我国目前的创新创业教育普遍存在教育形式僵化、单一，教学方法落后的问题，停滞于浅层形式。这表现在：创新创业教育的形式上，以论坛、讲座为主，忽视创新创业实践和创新创业平台建设；在校学生的参与方式上，以创业计划竞赛为主，忽视商业实战演练；在教学方法上，以教师为中心，忽视学生参与，实践教学环节薄弱，没有充分调动学生学习的积极性和主动性。

目前我国创新创业实践教育形式主要停留在创业竞赛上。创业竞赛与创业报告一样，虽然其能引起学生的强烈共鸣，但其在本质上属于一种情绪化、表面化、浅层化的教育，持续性作用不够，很难全面提高学生的创新创业综合素质，致使其"激情有余而内功不足"。虽然很多高校在创新创业教育中加入了一些实践环节，但这些创新创业实践主要局限于创办创业园，指导学生自主设计、创办、经营商业企业或科技公司，从事商务活动、技术发明、成果转让技术服务等。由于资金、条件、专业的局限，这些最典型的创新创业教育与创新创业实践，并不能在大学生中普及，往往把大多数学生排斥在创新创业教育之外。实际上，**树立创新创业价值观和塑造创新创业人格**，即创新创业教育的根本目的，决定了**各种专业、各种特长**的学生都可以也都应当适当接受创新创业教育，开展创新创业实践，**不能仅限于上述典型的创新创业实践**。

第三章 大学生创新创业教育现状研究

第一节 国外大学生创新创业教育的发展现状

一、美国高校创新创业教育概况

（一）美国高校创新创业教育发展历程

美国是创新创业教育起源最早的国家，理论研究和实践走在了世界各国的前列，经历了从教学型、研究型到创业型大学的发展过程。

1947 年，美国哈佛商学院由 Myles·Mace 教授率先设立的"新创企业管理"课程被大多数创业者认为是美国的第一门大学创业学课程，这是创业教育在美国高校起源的标志。美国百森商学院 1968 年率先在本科教育中开设了创业方向的课程。1971 年，南加州大学设立了创业学硕士学位。大部分美国高校从 20 世纪 80 年代开始纷纷构建创业教育课程体系。

美国大量的孵化器和科技园、风险投资机构、创新创业培训中心、创业者校友联合会等外部联系互联网有效地跨越了传统的学术边界，成了高校与外界保持联系的重要纽带。

美国的创业教育受到重视有一定的历史原因：在 20 世纪 60 年代末，美国经济发展放缓，经济结构开始逐渐转型，大型企业所能提供的就业岗位不断减少，中小型企业创业者的增多以及硅谷地区创业的迅猛发展，使创业教育的需求大大增加，人们也越来越重视创业教育。20 世纪 80 年代，以比尔·盖茨为代表的科技创新派掀起的"创业革命"，推动了高校创新创业教育的发展。美国考夫曼创业领导中心 1999 年的报告显示，在美国有 91% 的人认为创业是一项令人尊敬的工作，每 12 个人中就有一人想开办自己的企业。如今，美国大学生创业比例达 25%，远远高于中国的水平。

（二）美国高校创新创业教育的特点

1. 良好的社会创业文化基础与社会保障体系

在美国，85%的人口为欧洲移民后裔，现在各国精英也不断涌向美国，整个社会的片面功利性职业培训到非功利性系统化教学过程，最终形成了较为完善的创新创业教育研究体系。在美国，其完善的创新创业教育研究体系有如下特点。

（1）明晰的培养目标

一方面，加强学生对企业创建或管理过程的认识理解；另一方面，增强学生把创业作为职业生涯选择的意识。

（2）较完备的学科建制

目前，美国建立了创业学专业并可授予博士学位。例如，百森商学院每年大约25%的本科毕业生被授予创业学学士学位。其他学科尤其是经济、管理、工程专业体现创业教育思想，专业教育中渗透创业教育，培养学生的创业意识，提高学生创业基本素质。很多大学成立创业中心，有的大学将创新与创业学相结合，并入工程专业。

（3）系统化的课程设置

美国大学根据自身的理念将创新创业设定为一个专业或研究方向，建立了完善的、各有特色的创新创业教育课程体系和教学计划。课程类型主要分为创业意识类、创业知识类、创业能力素质类以及创业实务操作类四大类；内容包括创业理论阐述、典型案例分析和仿真模拟演练三大模块。系统化的课程设计为创新创业教育目标的实现和教育理念的落实提供了科学的基础，百森商学院的"创业学"课程体系被誉为美国高校创业教育课程化的基本范式。斯坦福大学课程体系坚持文化教育和职业教育相结合，通过全过程参与帮助学生探讨和处理创新创业过程中遇到的问题。哈佛商学院建立了全世界最完整的资料和案例库，为研究者提供了良好的学习环境和基础。

（4）卓越的师资队伍

创新创业教育的创新性和创造性决定了它对教师有着更高的要求。雄厚的师资力量是美国创业型教育成功的关键。美国高校的创新创业师资主要由两部分组成：一是专职教师，此类教师既有丰富的实践经验，又有广博的理论基础，比如百森商学院的教授常年行走于众多商人之间，对创业的社会需求和要求有着敏锐的洞察力；二是兼职教师，此类教师来源广泛，可以是创业家、政府官员、风险投资家等，比如英特尔前任首席执行官安德鲁·格罗夫自1991年担任斯坦福大学的兼职讲师，以亲身经历对学生进行示范教学。此外，很多课程由专、兼职老师一起给学生授课，以期达到更好的效果。斯坦福大学的《技术创业》和《创业机会识别》课程就由三名有着丰富实践经验的客座教师共同讲授。

（5）丰富而又实用的实践教学

创新创业教育与各种创业实践活动密不可分。在美国，创新创业教育强调"以行动为导向，经验引导的体验"，实践多于规则的讲授。创业教育国际协会通过模拟创业活动指导教师进行创业体验活动，使教师能更有效地指导学生。很多商学院通过模拟创业和第二课堂等形式创造课外实践机会，让学生更好地体验创新创业。例如，麻省理工学院的"五万美金商业计划竞赛"的影响很大，每年都会产生五六家新型企业，而在斯坦福大学校园内的创业氛围中，更是催生了如 Excite 等公司。

据统计，美国最具影响力的 50 家高新技术企业中有 23 家源于高校的创业计划大赛。近年来，美国的一些工科大学开展"合作教育"，给学生安排了不少于九个月的劳动实践，有的高校甚至把学制延长为五年，以增强学生实践能力；各大高校经常组织创业俱乐部和创业咨询会等活动。如加州大学伯克利分校创业与技术中心通过举办"理查德·牛顿杰出创新认识系列讲座"与业界著名人士探讨各类挑战性的问题并研究解决方案以提高学生的实践能力。

2. 科学的创新创业教育评价体系

自 20 世纪 90 年代初开始，美国的权威创业专业期刊（如《商业周刊》《企业周刊》《成功》）每年都对大学的创业教育进行评估，涉及课程、师生成就、社会影响、创新创业教育项目、毕业生创业情况等各项内容，有力地促进了高校创新创业教育的开展。

二、英国高校创新创业教育概况

（一）英国高校创新创业教育发展历程

20 世纪 70 年代以来，石油危机引发的经济危机导致英国的经济一直处于低谷，80 年代，失业率到达顶峰。同时，在 70 年代中期，英国高等教育的理念逐渐发生变化，从培养研究生的知识能力拓展到激发研究生的潜质上来，尤其是政府和企业对高层次人才的需求量加大，高等教育经费的减少促使学校和企业的联系也日渐紧密，并且有了兴建创业园区的办学形式和模式。这些都为英国创新创业教育的发展奠定了基础，推动了英国创新创业教育前进的步伐。

在英国，创新创业教育的开端是 1982 年的"大学生创业"项目，其目的是为了解决高校毕业生就业难的问题，提高就业率，鼓励大学毕业生在当地就业并尝试自主创业创造新的工作岗位。在苏格兰创业基金的赞助下，大学生创业项目于 1982 年在英国斯特林大学启动，通过创业教育讲座，选拔学生进行指导，最后通过考查学生促使其进入创业课程培训班。该项目的动机主要是为了解决就业问题，具有很强的功利性目的，并以企业家速成为目标，所以理念片面，缺乏动力。后来，随着失业率降低以及创业教育成本的升高，1990 年英国政府停止了该项目。

随着社会的发展，英国逐渐意识到功利性的创新创业教育不能适应时代发展和学生个人的需要。20 世纪 80 年代末，创业教育的目标转变为培养创业者的素质和品质并普及企业成长发展的一般规律。英国政府在 1987 年发起"高等教育创业计划"（EHC），其宗旨是培养大学生的创业能力，强调一般知识的传授要与工作相关的学习相融合。这算是英国创业教育政策的正式开端。

1998 年英国政府启动大学生创业项目。该项目一方面组织大学生进入创业课堂，与创业者面对面交流；另一方面教育学生学习创办公司，使其获得创建企业全过程的体验，受到了广泛欢迎。1999 年英国政府成立英国科学创业中心（UK-SKC）管理和实施创业教育，90 年代中小企业的活跃为创业教育的开展提供了实习的基地。

进入 21 世纪，英国的创业教育指向创业文化的建设和营造。创业教育在课程、实践、管理机构和资金支持方面都有了长足进步。"创业远见活动"（EI）就以培养英国的创业文化、培养青年的创业精神为己任。此活动得到了贸工部下属小企业服务部的赞助和一些财政部大臣的个人捐助，并且参与的组织和人数很多，达 60 万家企业和十几家创业教育组织机构。EI 运动以创建创业文化为核心，重点发展以下六个方面。

① 从基础做起，鼓励青年随时创业。

② 支持创业型企业，展示并学习新的商业战略和公司实践。

③ 促使教育机构和教育系统成为创业经济的驱动力，广泛培养创业技能，教授创业知识。

④ 与家长保持联系，鼓励学生的创业思想，支持他们去创业。

⑤ 积极挖掘激发妇女、少数民族等弱势群体的创业潜能。

⑥ 通过创新的方式推广创业活动，先由青年的经验学习带来行为的变化，从而逐步引起深层次的文化变革。

2004 年，英国又成立了全国大学生创业委员会，全面负责全国的创业教育，促进了高校和地区间的联系，为英国的创业教育发展提供决策参考。此外，英国政府领导资助下还成立了各种基金，比如英国王子基金、新创业奖学金、凤凰基金等。英国王子基金实施的青年创业计划，通过联合企业界和社会力量为青年创业者提供咨询、技术、资金和互联网的支持。该计划平均每年资助 5 000 名英国青年创业，创业成功率超过 60%。如此众多的政策和举措的实施，都为英国高校创新创业教育的日趋成熟打下了坚实的基础。

由此可见，英国的创业教育自 20 世纪 80 年代以来，在观念和具体实施上发生了很大变化，从初期的功利性教育到非功利性的创新创业意识、品质精神的教育，再到后来的创业文化的建立，英国创新创业教育的发展历史和路径都能对我国的创新创业教育发展提供有益的借鉴，避免我们走上功利性的弯路。

（二）英国高校创新创业教育的现状

英国高校的创新创业教育历经 20 年的发展后，在普及程度、课程设置与活动实践等方面都有了很大提高，创业文化氛围趋向宽容，配套设施更加完善。但总体上与美国相比，英国民众在创业机会的把握和不怕失败、敢于冒险的精神上有所欠缺，而且高校创新创业教育课程设置相对狭窄，多集中于商业课程，社会科学领域欠缺。创新创业教育的地区发展还不均衡，需要进一步改进和完善。

（三）英国高校创新创业教育的特点

1. 良好的政策环境

在英国，主要有四个部门：教育与技能部、贸工部、财政部和首相办公厅制定与创新创业有关的立法和政策，各项政策（如科技创新政策、鼓励中小企业发展的政策、鼓励大学改革与创新教育政策）互相协调配合，建立了良好的大学生创新创业的政策环境。英国高等教育创新创业教育的经费主要来源于政府拨款以及被称为"第三条途径"的政府设立的基金会。比如：高等教育创新基金，意在加强校企合作（2001—2008年，高等教育创新基金共开展了三轮，第三轮创新基金达 2.34 亿英镑）；科学创业挑战基金，致力于为创业教育和知识成果转化提供资金；新创业奖学金，致力于帮助弱势群体开创事业，走上独立自强的道路；全国科学技术和艺术捐赠基金，支持拔尖人才、促进创新和创造力。

2. 多样的组织模式

2007 年，波萨姆与曼森在高校学生创业调查中将英国大学的创业教育组织模式分为两个大类，分别是商学院主导模式和大学主导模式。商学院主导模式分为少数几个人负责的分离式模式、团队组织型的融合式模式、系统专业化较大范围的嵌入式模式。大学主导模式分为大学嵌入式模式（在已有的组织中加入创业教育功能）、大学主导式模式（独立的团队与组织）、学院主导协作模式（若干学院共同管理）三类。六个模式各有特点，相比之下，大学主导式的影响力和自主性强，但在进行创业教育时需要综合考虑不同学科背景学生的特点。

3. 专门的管理机构

英国政府专款创建了英国科学创业中心（UK-SEC），与全国大学生创业委员会（NCGE，全面负责国内的创业教育）。其科学大臣圣博瑞认为，UK-SEC 是"英国高校改革的催化剂，使得高校与企业更相关，而且提高了高校对社会经济增长、就业率和生产率的贡献"。与此同时，创业中心数量已发展到 13 个，这些创业中心还与世界各国名校建立了稳固广泛的联系，构建了完整的互联网系统。

创业中心兼有教学和孵化器的双重作用，促进智力财产的转化，其任务是将创业融入传统的大学教学之中，实现大学文化的改革与创新。它在四个方面开展活动：第一，实施创业教育，将科学和技术专业的学生作为主要对象；第二，加强与企业界的联系，促使企业为大学提供资金和咨询指导；第三，支持企业创办，主要支持师生创办知识衍生型企业；第四，鼓励技术向生产力的转化，为大学众多技术的转化提供种子基金、天使资本、创业孵化和创业科技园区的服务等。

全国大学生创业委员会加强了对大学生企业家素质的培养，尤其是鼓励大学生自主创业。NCGE 的主要任务有三项：一是为高校实施创新创业教育进行理论支持，搜集和研究各国高校成功的案例，从而找出普遍性的原则；二是开展创业教育师资培训；三是支持大学生创办企业，使学生能接受美国大学和企业的专家指导与培训。

4. 全社会参与的创新创业教育文化体系

虽然英国的创新创业文化不如美国浓厚，甚至有一定的保守思想影响，创业水平也不如美国高，但是自 20 世纪 80 年代以来，在政府主导和社会的支持下，整个社会的创新创业氛围已经较为浓厚。

（1）地方政府以及非政府组织对创新创业活动的大力支持

地方发展局是地方政府为了发展当地经济，减少地区间和地区内经济社会发展进步不平衡而创建的一个半自治组织，非常重视大学生的创业。其五个目标为：推动经济发展和重建；促进就业；提高企业效率和竞争力；提高与就业相关的技能的发展和应用；对可持续发展做出贡献。其由公共资金支持，与高校和其他创业支持组织建立合作伙伴关系，提供了各种项目（例如威尔士发展局的"青年创业战略"，即 YES；北爱尔兰发展局开展的"Go for it"运动等），为学生提供资金、咨询和指导。与此同时，英国的很多智库和非政府组织也非常关注高校创业教育。工业与高等教育委员会由大学知名学者和著名企业家组成，致力于提升高校和企业界间的交流与合作，帮助大学生增强就业能力和创业能力，培养学生的创新创业精神。另外，英国行业技能委员会与地区发展局也展开了密切合作。

（2）企业等组织对创新创业教育支持力度大

英国的大学自 20 世纪 80 年代高等教育改革之后与企业的交流日益密切。企业涉足大学的创新创业活动是一个双赢的过程，使学校获得了资金、平台支持和成果转化渠道，自身提升了知名度，培训了员工，同时增添了活力。在英国，有两个具有很大影响力的企业支持大学生创业项目。一是壳牌技术创业项目。大学生进入中小企业实习，可以利用暑假八周的集中时间或者一年的零散时间从事管理项目或者技术项目，此项目已经成为全国性的创业教育项目。另一个是壳牌在线。荷兰皇室和壳牌集团建立的壳牌基金会于 2000 年 6 月在三个领域开展了支持工作：可持续性能源项目、青年创业项目以及可持续性发展社团项目。项目由壳牌公司和商业合作者提供资金，它首先为想创业的青年提供免费的咨询服务，包括顾客、市场、成本、竞争和技能等信息；其次组织商业计划和创意计划研讨会，帮助创业者解决创业难题；最后，还设立了创办企业奖和企业成长挑战奖。

（3）高校自身重视大学生创新创业教育

英国的大学将创业教育明确纳入大学的规划和政策之中，为创新创业教育的开展创造了有益的环境。首先，理念上重视，认同大学生创新创业教育的重要性和担任的责任；其次，高校制定了明晰的奖励制度并通过多种渠道获取创业资金；再次，充分发挥了大学科技园的作用并重视校友的作用，为学生搭建了良好的教育互联网和人际互联网。

5. 高校师资与课程设置的优势

在英国，创新创业教育课程是一个多元互动的体系，课程开发，教学方法研究，创业研究，师资建设，课外实践活动等形成了一个多元整合体系。第一，高校的创业课程开发实现互联网化，实现优势互补、资源共享和有效评估；第二，创业课程与课外课程相融合；第三，创业课程与创业研究相整合。

在英国，两类创业教育课程分别是"为创业"和"关于创业"的课程。"关于创业"的课程中61%的教师有过商业管理经验，36%的教师有过创业经历。"为创业"课程中98%的教师有过实业管理经验，70%的教师曾经创立过自己的企业。

（四）英国高校创新创业教育存在的问题

当然，英国高校的创新创业教育蓬勃发展的同时，也有一些问题。比如创新创业教育课程质量有待提高；师资缺口有待于改善；高校的创业研究水平有待提高。有调查显示，英国大部分的创业学文章是经验型的，还有一部分文章使用的是二手数据，不是实践直接调查的结果，而且文章的创新性低，导致研究的可信度低。由于高校创新创业教育的成本很高，因此其创新创业教育的迅速发展面临资金上的挑战和困难。

三、其他国家高校创新创业教育概况

自从美国人发现了"创业教育"和"创业精神"这个创造美国经济奇迹的"秘密武器"之后，迄今为止，世界范围内的大学生创业热潮呈现燎原之势，创业活动和创新创业教育受到了各国的高度重视。创新与创业活动逐渐成为经济的推动力。20世纪90年代以来，除美国、英国之外，日本、印度、新加坡、澳大利亚等国也纷纷将创新创业教育作为培养未来富有挑战性人才的战略，积极转变观念，改变部署，大力实施创新创业教育计划。现将各国创新创业教育的发展以及先进教育特点和模式概述如下。

（一）日本模式

1. 日本高校创新创业教育的发展

20世纪90年代初，日本泡沫经济崩溃后，长期萧条经济的迫使日本寻求产业结构调整。由此，日本建立了科技立国的政策，鼓励高校创办研究开发型企业，目前已形成了"官产学联合"模式的国家创新体系。开展创业教育时，政府产业界和社会从不同方面为创业教育的开展创造条件，体现了整个国家对创业教育的重视。1995 年，日本制定了《科学技术基本法》，极大地促进了创业教育的产生和发展。同时，科技立国的政策导向刺激了高校创业企业的涌现与发展。有的企业中 1/3 的教授或学生担任总经理，企业借助学校的科研力量，提高了科技含量很高，在取得经济效益的同时，又培养锻炼了人才。日本高校的创新创业教育是从 90 年代末期发展起来的，其最初的目的是培养学生成为企业家，刺激经济复苏，缓解经济危机带来的就业压力，属于功利性的创业教育。2005 年，日本人口首次出现负增长，同时面临少子、老龄化特征，构建基于青年人能力的教育框架和开展系统的创业教育成为摆在日本面前的命题，以应对时代发展的要求。在同年的世界竞争力年鉴报告中显示，日本创业精神在 60 个国家中排名倒数第二，这都促使日本将培养富有挑战精神的创新创业型人才作为国家的重要战略。

近年来，大学创业教育在日本呈现出高涨的势头。目前，日本的创业教育大体分为三个层次：针对本科学生的创业教育，与行业协会和当地政府合作的创业培训以及针对高中生的创业教育。

2. 日本高校创新创业教育的特点

（1）从文化上来看

日本的集体、忠诚意识，不提倡个人主义和冒险等，都使得其创新创业教育与北美西欧等国有很大不同，呈现出政府为主导、高校和社会为辅助的特点。

政府作为主力军，出台了一系列鼓励大学生创业的政策措施。比如，简化新公司申请程序，要求公立银行加大对大学生创业的融资力度，设立创业支援人才助成基金，资助创业企业雇佣的专业人才薪资等。日本高校不断更新教育、研究理念，加强了创业孵化器等基础设施建设；加强了与校友的联系；导入了双师型师资；开设了广泛的创业课程。社会各界处于辅助地位，主要集中于对大学生创业项目的风险投资。企业开始以积极的姿态出现在校园并提供实习基地。许多中介机构在成果转化为产品的运作中扮演了重要的桥梁作用，比如技术转移组织 TLO 促进成果专利化与技术授权，创业辅导机构提供商业层面的支持等，为创业者提供全方位保障。但日本高校主要以课堂讲授为主，充当了教育者的角色，与政府和社会的配合有待于加强。

（2）具有地域性特点

为了活跃经济，实现地域经济的平衡发展，日本经济采取了内发式的经济发展方式，使得地域原有产业和新的发展空间给大学创业教育的开展提供了非常好的"基地"。比如大阪商业大学的创业教育理念是"培养有创业精神的创新型人才"，大学的发展目标是"为社会做贡献"，其学生有"扎根地方、学习地方、贡献地方"和奉献社会的责任感。

（3）创新创业教育体系有衔接性

创业教育在日本是一个从小学到大学的连贯体系。从学生一生的创新能力培养出发，在不同的阶段对学生开展不同形式的创业教育，为大学的创业教育打下了良好的基础。同时，日本的大学重视与中小学的校际合作。

（4）风险企业计划卓有成效

2001 年，日本经济产业省提出 3 年内创设 1 000 个大学生风险企业的计划，在 1 503 家大学风险企业中，学生创办的风险企业为 165 家，比例超过 10%。

（二）印度模式

1. 印度高校创新创业教育的发展

早在 1966 年，印度就提出了"自我就业教育"的观念。1986 年，政府在《国家教育政策》中就要求大学应当培养学生"自我就业所需的态度、知识和技能，为了有效地解决经济和政治方面的双重压力，印度的大学与外界建立了广泛深入的联系，开始向"功能性的""以结果为导向的"创业型大学转变。

印度目前的高等教育规模仅小于美国和中国，而且印度人在美国硅谷创办的企业最多，34% 的微软雇员是印度人，28% 的 IBM 雇员是印度人。印度培养的大量的高校毕业生，一些很容易在大公司找到一份高薪工作，另一些却为找到一份工作而发愁。据印度的报告称，大量的劳动力处于自我就业或从事临时性工作状态，这都促使印度大学生产生了创新创业的需求。现在印度高校的学生创业意识渐醒，创业文化初显。比如：印度管理学院将"追逐你的梦想，而非一份工作"作为办学理念；印度政府也通过创建科技园、教育园和企业孵化器的方式推动创业型大学的形成。印度的大学基本上建立了创业中心，能将师生的科研成果及时地与企业对接并完成转化。

2. 印度高校创新创业教育的特点

印度的创业教育多以岗位职业教育培训为内涵，以企业家的速成为目标。只有少数大学和机构提供创业教育的专业学历。其特点如下。

（1）课程开放，师资外化

印度的创业课程是与其他课程整合的。比如，加尔各答管理学院的创业课程设置在管理科目下，一些商学院设置选修课程并引入了课程大纲之中。印度经济发展中有家族企业的特点，因此部分大学的创业课程便迎合了这种特点，为家族企业创新、再创业服务。印度大学的创业类课程由本校教师和访问教授共同负责，分别教授理论和实践部分。师资的外化得益于印度长期以来形成的访问制度。

（2）理工院校的创业教育明显

印度加尔各答管理学院的课程设置体系化，并引入了辅助课程计划，通过创业项目孵化实践活动来开展创业教育。其创业中心每年都举办亚洲最大的国际商业计划书大赛，培养学生成为未来领导者的创业精神和实战能力。基于此，加尔各答管理学院毕业生 30% 都成了创业者。印度理工学院是亚洲著名理工院校之一。校方设立 Kanwal Rekhi 信息技术学院，密切与工业界互动联系，重视创业教育教学，支持学生创建其潜在价值的企业，激励学生的创业意识、创新精神和创业活动，埋下创业的种子。

（3）创业活动与创新结合不够紧密

印度是创业活跃的国家，据 CEM 观察报告，其活跃度排在 37 个国家的第二位。但与西方国家的机会性、技术型创业不同，印度大学生创业更多的是以生存型创业为主，创新很少。

（三）新加坡模式

1. 新加坡高校创新创业教育的发展

新加坡是亚太地区开展创业教育较早的国家，并且走在了亚太地区的前列。作为国家教育体系中的重要内容，创业教育已被纳入其社会和教育研究体系中。在新加坡，创业教育的发展与其经济的发展密不可分。作为一个岛国，新加坡土地不够广阔，资源少。因此新加坡在 1965 年独立之初就走上了工业化道路。在 20 世纪 70 年代，新加坡经济发展局（EDB）将年轻人送往美、法、德、日等国培训，进行学徒式的见习。此举措帮助其经济发展由劳动密集型工业过渡到了高附加值的资本、技术密集型和高科技产业。到了 20 世纪 90 年代，"全球化"战略成为其新的目标，新加坡开始不断寻找各方资源，创建工业园区，促进了从外部创造经济空间概念的形成，人们也逐渐开始寻找合适的创业机会。1997 年的金融风暴让新加坡意识到经济发展不能单靠跨国企业。于是，其政府大力扶持和促进本地企业尤其是中小企业的发展，因而采取了一系列政策举措鼓励创业活动；教育界也积极开展创业教育的研究，使创业教育得到了飞速发展。

2. 新加坡高校创新创业教育的特点

相对于欧美发达国家，新加坡高校创新创业教育起步较晚，但经历了跨越式发展，有自己的鲜明特色。

（1）鲜明的教育理念和政策环境

早在 1959 年，新加坡就确立了"发展实用教育以配合工业化和经济发展的需要"的指导思想，后来又确立了"教育必须配合经济发展"的教育方针，反对脱离国家需要或追求纯学术而盲目发展高等教育。新加坡政府每年拿出至少 20 亿新币用于创新创业、风险投资和技术转移。新加坡高等教育文献保障系统显示：EDB 制定了多项优惠扶持计划促进创业活动的实施，创造了良好的创业环境。扶持计划包括新公司税务减免计划、企业投资优待计划等。

（2）国际化的创业教育体系

首先，其课程设置与国际接轨。新加坡大学为了适应国际化的需要，改革了课程，采取学分制，并不断更新课程设置及内容。例如，新加坡国立大学在国外与印度科学研究院、美国斯坦福大学、宾夕法尼亚大学、中国复旦大学和瑞典皇家技术学院合作创建了五个分院，所举办的学科专业都具有强烈的创新创业特征。这种国际化的跨国办学模式博采众长、融汇创新，形成了具有前瞻性和国际水准的课程体系。其次，教师队伍国际化。新加坡每年安排教师到世界一流名校深造，培养教师国际化教学水平。通过严把高校理工学院教师入口关，教师既有企业的锻炼经历，又具有高学历、高技术，在一定程度上解决了双师型教师培养的问题。

（3）现代化的教学手段和灵活的教学模式

20世纪80年代教育战略向高等教育转移，经费节节攀升，各种互联网、远程会议、多媒体等高科技的教学手段应用在创业教育之中。同时，教师的教学采取互动的方式，让学生浸入创业的环境并突出个性辅导。师生在交流的过程互相启迪。另外，新加坡高校重视创业实践教学，采取案例分析、角色模拟、企业考察等多种形式，将学生带入创业的环境，并以创新创业计划大赛为契机形成产、学、研一体化的实践平台，让学生的创业理念在实践中不断深化，学以致用。例如，南阳理工大学与新加坡EDB联合创办的南洋创业中心，提倡教师、学生、校友以及风险投资人的交流与合作，其培养的学生中35%的学生都创办了自己的公司。

（四）国外高校创新创业教育特点小结

1. 战略性的创新创业教育理念

如前文所述，美国大学生的创新创业教育是关于"学生自由发展"的承诺，并非"就业式"教育；英国高校的创新创业教育是为了培养学生的创业技能和精神，并将创业作为未来职业的一种选择；德国提出高校要成为"创业者的熔炉"；法国把创业教育当作增强国家竞争实力的一项重要活动；新加坡提出"教育必须要配合经济发展"的教育方针。

2. 终身的创新创业教育过程

在很多发达国家，创业教育是终身性的，涵盖了从初等教育到高等教育的全部学习过程，而不仅仅是在高校开展创新创业教育。因此，这为高校的创新创业教育打下了良好的基础。

3. 完善的创新创业教育体系

在教育过程中，政府、高校、社会为大学生提供了众多的教育资源和便利的条件。比如：政府各项优惠政策措施；高校优秀的师资队伍，系统化的课程设置，丰富的课外实践活动；浓厚的社会创业文化氛围；广泛的资源支持等。

第二节 我国大学生创新创业教育的发展现状

一、我国大学生创新创业教育的发展历程

我国高等教育于 1998 年 12 月对创业教育的理念开始正式回应，教育部制定的《面向 21 世纪教育振兴行动计划》提出，要"加强对教师和学生的创业教育，鼓励他们自主创办高新技术企业"。清华大学在 1998 年举办了第一届"清华大学创业计划大赛"，后来各个高校也进行了推广。团中央、科协、全国学联在 1999 年联合举办了全国第一届"挑战杯"大学生创业大赛。标志着创新创业教育的理念开始进入我国高校。在 2000 年的全国高校技术创新大会上，教育部规定大学生（包含硕、博士）可以保留学籍创办高新技术企业。政策的出台极大激发了大学生的创业激情。教育部于 2002 年将清华大学、中国人民大学、北京航空航天大学、武汉大学、上海交通大学、西南交通大学、黑龙江大学、南京经济学院以及西北工业大学 9 所高校定为创业教育试点院校，这昭示了我国大学生创新创业教育的正式启动。从此，政府不断出台各项政策，支持和鼓励高校开展创新创业教育和进行大学生创新创业活动。

教育部高教司在 2003 年举办了"创业教育骨干教师培训班"，邀请澳大利亚创业教育专家 Peter Sheldrake 来中国讲学。来自全国 100 多所高校的 200 多名教师参加了培训学习，促进了中国高等院校创新创业教育的大力开展。团中央、全国青联与国际劳工组织联合于 2005 年 8 月在华开展 KAB 高校创业教育项目。项目官方网站"KAB 中国创业教育网"的建立为高校的师生提供了创业信息、实践机会、专家指导和成员交流的平台。

二、我国高校大学生创新创业教育存在的问题

（一）创新创业教育理念缺失

创新创业教育在我国起步晚，仅有十几年的历史，还处于探索、摸索和起步阶段，现阶段并没有被社会和高校完全认同和接受，人们对创新创业教育的必要性、重要性和紧迫性的理性认识尚未形成。对于一个以公有制为主体的国家而言，作为创业初期形式的个体中小企业蓬勃发展还有很长的路要走，加之中国长期以来"学而优则仕"的观念深入人心，稳定仍是大多数大学生和家长追求的目标，导致整个社会的创新创

业意识淡漠，氛围不浓厚。现阶段高校的创新创业教育更多的价值取向还是解决目前的大学生就业困难，并没有把它当做一种长期的培养优秀人才的行为，导致创新创业教育内涵和价值的缺失。有的高校仅把创新创业教育等同于创业计划大赛等简单的形式，过分注重了比赛成绩的追求，是功利性的创新创业教育理念；还有的人认为创新创业教育旨在培养经理人而非具有事业心和开拓精神的创业者，导致创业活动停留在了利润与财富创造的功利性层面上，并没有上升到开创事业的理性层面上。

总的来讲，现阶段我国的创新创业教育理念没有深入人心，创业教育作为大学生应有的"第三本教育证书"的理念尚待更多学生、教师、学校管理部门的接受。

（二）政策支持的执行力度不够

面对国际竞争的日益加剧、时代发展的要求和日益严峻的大学生就业形势，中国政府制定了许多政策支持鼓励高校积极开展创新创业教育，同时鼓励大学生突破就业瓶颈，实行自主创业，对高校毕业生自主创业者制定了众多的优惠政策。但是鉴于高昂的创新创业教育成本，政府很难给予高校大量有效的创新创业教育资金支持。

（三）创新创业教育与人才培养体系之间存在脱节

我国当前的创新创业教育大多是课外活动、讲座形式的业余教育活动，主要停留于操作层面和技能层面，并没有融入传统的人才培养体系中，实施过程中基本与学科专业教育脱节。黑龙江大学原校长衣俊卿认为：首先，这种认识和实践把创新与创造平庸化为单纯的技巧与操作，从根本上忽略了创新和创业能力的深层次基础；其次，这种局限于操作和技能层面的创新创业教育暗含了一种狭隘认识，也就是无需从根本上对现有的专业教育和课程体系进行改革，只需添加创造学的知识和创业的技能，就可以实现相应的目标；最后，这种认识和实践会把中国的高等教育引向歧途，最终会导致中华民族的创造力与创新能力的枯竭。衣俊卿教授强调，人的创造性、创新和创业能力并不能像具体的技能和技巧那样传授，它必须通过科学知识和人文知识所内含的文化精神的熏陶，才能潜移默化地生成，创业教育应深深地依赖于专业教育，所以改革现有教育体制和教学内容势在必行。

由此可见，创业教育事关到高校教育教学系统改革，应该渗透到教学的各个环节，涉及人才培养模式和学生管理体制的改革。

（四）创新创业教育学科边缘化，课程体系不完善

目前在我国高校，创新创业教育并不是主流教育体系的组成部分，它或是包含于技术经济学科，或者是企业管理学科，并没有明确的专业定位。

由于学科边缘化，大学生创业教育被很多人当成是企业家速成教育，就是培养"学生老板"。同时高校的创新创业课程零碎，缺乏作为一门学科的严谨性和系统性。大多

没有系统的创业课程群，只是属于"职业规划""就业指导"之类的系列讲座，而且就连讲座也没有固定的安排与系统的规划。

（五）创新创业教育环境有待改善，资本市场支持不力

当前中国的创新创业环境评价不高。虽然社会开始在宣传创新创业的理念，但是引导力度不够；高校中宣扬大学生吃苦耐劳的精神较多，而勇于承担风险，开拓创新的氛围远远没有形成；高校管理者和教师对创业者的宽容、尊重和支持不够；风险投资在国内发展虽然很快，但针对学生创业的投资较少，大学生创新创业可利用的外来资本更少。

（六）创新创业教育师资力量欠缺

教育师资是创新创业教育课程教学的关键所在。大学生创新创业教育涉及知识较多，综合性和实践性都很强。它的课程以行动为导向，实际经验引导的体验多于传统概念规则的讲授，所以教师应当兼具较高的理论知识和丰富创业管理经验。同时这对教师的教学方法也提出了新的要求。

目前开展创新创业教育的高校教师大多缺乏企业管理和创业的经验，有的只是接受了短期的培训，讲课内容重在理论分析，无法真正培养学生的创业意识和能力。当前，我国创新创业教育的师资力量主要来自学生就业工作的行政部门和商业教育的教学或者高校辅导员。有的高校聘任了一些成功的企业家与创业者担任兼职教师，但是在组织协调、资金支持和制度保障方面存在严重不足，加之聘请的部分企业家、创业者缺乏实际的教学经验，因此使教学效果难以达到要求。

（七）创新创业教育停留于浅层，缺乏实践环节

在创新创业教育中，创业实践是其高级层次，也是提高创新创业教育实效的基本途径，能全面提升创业者的综合素质。

多数高校资金投入的不足和实践基地的缺乏与薄弱导致教学实践环节基本属于走马观花式的参观活动，阻碍了学生对创业实践的了解与接触。再加上教学方式的陈旧，填鸭式、灌输式的教学方法影响了学生创造力的发挥和探索求新的激情。

（八）创新创业教育范围较窄

目前，我国高校创新创业教育和活动仅使一小部分学生受益，没有大的教育氛围，有较强的精英色彩，大部分学生只能当看客。大学创新创业教育不应只是针对少数有创办企业潜质学生的技能性教育，而是面向所有学生的综合性教育，可以为所有学生终身可持续发展奠定坚实的基础。

总体来讲，中国创新创业教育的发展还不够成熟，这与我国当前的高等教育水平、社会传统文化观念、经济发展水平、人才培养体系和资本风险意识等有很大的关系。

因此，我国高校的创新创业教育目前处于探索和学习阶段，创新创业教育的理论研究也处于萌芽阶段，创新创业教育的各个方面还有很长的路要走。

第三节　我国高校创业教育的基本策略

一、倡导创业精神，转变教育理念

高校要转变传统的教育理念，调整学校的办学指导思想，即要从狭窄的知识教育、单纯就业教育转向以提高学生综合素质为主的创业教育，把创业素质教育、培养创业人才作为高等学校教育的重要内容，追求以人为本、以创业教育为核心的教育新理念。因为知识经济时代的教育不仅是就业、择业教育，更应该是创造、创新、创业教育。大学应该成为创业性人才培养的摇篮，教会学生创业，努力促进以创业带动就业，树立创业精神，倡导和大力实施自主创业，为学生走向社会、独立谋生奠定基础。

我国由于受几千年传统文化思想的束缚和多年计划经济的影响，使得在社会中普遍存在着对创业的惰性，加之对创业的宣传不力，导致创业在青年心目中的神秘感和高不可攀。创业教育理念的缺失，导致对大学生创业素质的培养还未被人们充分认识，仍有许多青年大学生不敢创业、不愿创业、怕冒风险、害怕失败，这成为严重束缚青年大学生就业和创业的"瓶颈"，严重制约了背年的创业积极性。"观念一变天地宽"，因此，积极营造有利于青年大学生创业的良好的社会舆论环境，广泛宣传诸如浙江商人那种"四千精神"，即"走遍千山万水，说遍千言万语，历尽千辛万苦，想尽千方百计"的创业精神，宣传我国优秀非公有制企业和企业家的创业经历，宣传大学生身边的典型和致富经验，把他们的创业经验，作为大学生创业教育的"活教材"，使每个人都为创业而感动、而思考，引导青年大学生转变择业观念，增强自主创业意识，帮助青年统一思想认识，意识到自食其力、创业光荣，认识到破除陈旧观念，就能够闯出一片天空。只有当自主创业的观念在青年大学生思想中深深扎根，青年大学生真正摒弃工作有高低贵贱之分、端上"铁饭碗"才算就业的陈腐观念之后，才能真正主动挑战风险、砥砺品格，其潜在的创新意识和初生牛犊不怕虎、敢作敢为的创业激情才能被激发出来。当然，创业有成功也有失败，我们鼓励、赞赏成功，更要体谅、允许失败，对创业者付出的努力和创业精神都要尊重、鼓励。

此外，面对当前严峻的就业形势和社会发展转型的客观规律，大学生自主创业应当而且必将成为重要的就业方式。因此，必须克服传统观念的羁绊，彻底转变传统"就业教育"观念——读书就是为了考试、拿学位、找份好工作、"学而优则仕"的功利主义读书观；深化改革人才培养模式，树立"读书创业""学而优则创"的新风尚，确立"创业就是就业，而且是更高层次就业"的新理念。从就业教育转向创业教育，引导大学生从毕业后依赖政府"找饭碗"转为面对市场"造饭碗"，在全社会真正形成艰苦创业、自主创业、全民创业的风尚，使高校的教学模式从"知识传承型"转向"知识创造型"，变江西"打工经济"为"老板经济"，则江西"两个率先"的实现指日可待。

然而，近年来高校大学生创业比例极低的状况表明，传统"就业教育"的观念和人才培养模式并未得到有效转变，某种程度上正在被强化甚至固化，使得大学生就业问题陷入日益严重的困境。比如，教育部以学生就业状况作为评价高校办学水平和人才培养质量的重要指标之一；每年江西省教育厅都在主要媒体颁布全省高校就业率；绝大多数高校以"高就业率"为亮点进行招生宣传等。在这样的评价机制和社会压力下，高校普遍忽视创业教育是自然的选择。尽管媒体公布的高校就业率并不能保证准确，尽管自主创业也统计在就业之列，但现实是，在高校乃至全社会，创业往往被当成无奈之举。对于找不到满意工作的大学生则宁可呆在家中准备考研或下一轮应聘，也不愿尝试自主创业。为此，笔者建议：一是运用报纸、电视、互联网等多种媒体和形式，大力宣传、表彰自主创业的大学生典型及其优秀业绩，突出宣传"创业是更高层次就业"的理念，营造全社会尊重劳动、尊重知识、尊重人才、尊重创业的氛围；二是省教育主管部门每年应在主要媒体同时公布高校"创业率排行榜"；三是教育主管部门应将毕业生"创新创业状况"同"就业状况"一并列为高校办学水平和人才培养质量的重要评价指标；四是高校的相关报道、招生宣传等应以同等热情与力度突出介绍毕业生的"创新创业能力"与"创业率"。

案例：江西财经大学秉承创新创业精神，深化细化办学理念。

办学理念是办学实践的内在动力，学校教育的改革和进步必须以理念的突破和更新为先导。早在1927年，江西省立商业学校校长（江西财经大学的前身）罗静远先生就提出"信敏廉毅"的校训和校歌，倡导创业精神和实践教学。校内开办银行、商店和美术广告社，学生实习时间约占上课时间的三分之一，这在当时的全国商业学校中尚属首创。

改革开放以来，江西财经大学历任领导秉承光荣的办学传统，不断探索具有江西财经大学特色的办学道路。通过多次全校性教育思想大讨论，广大教职员工逐步统一了认识，明确了方向，坚定了信念，明晰了举措——"培养具有'信敏廉毅'素质的创业型人才，打造区域人文社会科学中心"的办学理念成为江西财经大学的选择。同时，江西财经大学不断深化细化办学理念，构筑了一套从创业教育到创业服务的系统性创业扶持体系，为大学生的创业成功提供了系统保障。

二、完善培养体系，推进课程改革

我国高等教育学家潘懋元教授曾指出："创新精神与实践能力，或创业精神和创业技能，恰恰是我国高等教育的薄弱环节。因此，高等教育的改革，应在课程设置、教学方法，包括考试内容与方法方面下工夫"。潘老这番话强调了高校课程体系、教学方法对大学生普遍薄弱的创业精神方面的影响。

课程设置、教材选用和教学方法改革是高校创业教育的基础，地方高校设立什么专业、开设哪些专业课程、怎样设计专业教学与实践计划、开设的课程又设置哪些内容、要采取怎样的教学方式和教学模块去实现创业教育教学计划，这些正是地方高校要致力改革的地方。长期以来，我省高校往往照搬硬套多年不变的陈旧的专业培养计划，一套教材使用多年，很少做人才市场需求和大学生身心健康发展需求的调查研究，往往是关起门来搞专业设计。地方高校的课程改革归根结底要紧紧围绕创业型人才培养目标，以人才市场为导向，以用人单位人才需求和大学生学习需求调研为依据，在调查研究的基础上，集国内外创业教育专家学者的智慧，为大学生设计出有针对性的创业教育课程培养计划。在课程内容的设计上要注意普及性教育与重点教育相统一。既要有面向全校大学生的创业公选课，又要有针对有强烈创业愿望大学生的创业核心课程。在创业课程的具体设置上我们可以借鉴我省比较成功的高校的经验。江西师范大学创业教育中心针对在校大学生建立了一套完整的创业课程教育体系，着力推行创业管理本科辅修专业计划、创业管理专科辅修专业计划。这是学校为了推进和完善学分制改革，加强本专科生创业知识和创业能力，提倡和鼓励学生自主创业，培养学生创新意识而开辟的第二课堂教学形式。在学分结构上设立创业教育学分。课程内容包括《创业学》《创业营销学》《企业家精神》《企业与创业团队管理》《创业投融资》《创业计划》等，并委托江西师范大学创业教育中心专职老师担任授课教师，每门课程为2个学分以上。至今，许多大学生已经获得学分并增强了创业意识。

另外，创业教育课程应该在以往创业教育课程基础上开设"创业社会常识""创业心理和技能""市场经济""经营管理""公关和交往""法律和税收"等与创业活动密切相关的课程。各地教育主管部门应当强化管理和指导，精选、推广与普及国家级或省级创业教育精品教材、精品课程；组织高水平专家学者编写有江西特色、适合不同大类专业学生使用的创业类教学资料。

加强课程融合，注重显性课程与隐性课程相结合。课程论根据表现形式把课程分为两大类：显性课程和隐性课程。学校主要通过这两类课程创设的教育环境对学生施加影响，从而产生教育的效果。同时当代知识理论把知识分为显性知识和默会知识。前者指的是能够以书面文字、图表和数字公式加以表述的；而后者指的是不可编纂的知识，隐藏在大脑里只能意会不能言传的知识，包括信念、价值观、判断力、激情、良知、承诺、责任心、不可编写的操作程序等。从教育活动空间看，显性课程主要是通过课堂环境实施教育影响，它向受教育者传授的是显性知识，作用空间一般局限于课堂之内；而隐性课程则为非课堂文化，它向受教育者传授的是默会知识。

三、注重融合交叉，优化教师结构

高等学校创业教育需要一支结构合理、素质优良、专兼职动态发展的创业教育教师队伍，这是搞好创业教育的重要保证。根据目前国内外创业教育的成功实践，创业教育教师队伍应由理论型教师和实践型教师、高校专职教师和校外创业教育专家组成。在这个创业教育教师队伍中，来自高校的专职教师是从事创业教育的最基本、最主要力量，负责创业教育的基础教育、教学、实践、管理等工作。长期以来，高校只注重引进研究型师资，而很少考虑引进适应创业教育的师资。如果我们没有大批活跃在"教学第一线"、奋战在"科研第一线"、体验在"创业第一线"的高水平和一流的教师，他们自身就无法明确和把握本学科的发展前沿和方向，更无法深入浅出、引人入胜，帮助学生深入理解知识，也无法引导学生进入学科前沿，更无法培养出真正具有创业意识和创新才能的人。因此，笔者认为可以从以下几个方面培养高校创业教育专职师资队伍：一要依托国内创办创业教育专业的高校，培养具有专业化水平的创业教育教师；二要把充实完善教师创业教育知识结构纳入全体教师的培养规划中来，大胆聘请学历不高但有丰富创业管理经验的校外企业家、创业研究和创业教育专家到学校面向全体教师进行创业教育讲座，强化全体教师创业教育意识；三要加强对教师的培训，选派教师参加国家或高校组织的创业教育教师培训班，有条件的大学还可以分期分批选送教师到国外进修，学习国外先进的创业教育经验，使之能够了解国内外先进的创业教育教学的知识；四要创造条件让教师到企业挂职锻炼，让教师得到企业管理、运作的第一手资料，体验创业过程，潜心研究案例，提高创业教育能力。

此外，清华大学张健、姜彦福和林强认为："创业是一个跨越多个学科领域的复杂现象，不同学科都从其独特的研究视角进行观察和研究，这些学科包括经济学、心理学、社会学、人类学、管理学等，"根据国内外创业教育的成功经验和我们的实践探索，教授创业教育的专家应来自经济管理、工程技术、政府经济部门、企业、创业园、投资公司等领域，他们构成了创业教育专家体系的六个基本要素。"聘请这些创业教育专家与高校专职教师配合作为兼职教师，可以弥补高校实践型教师的不足，为高校推进创业教育提供人力保障。

四、创新服务体系，推进组织建设

（一）创新创业教育服务体系

政府要联合高校制定鼓励学生创业的有关政策，并形成一种创业制度，**激发学生的创业欲望**，营造良好的校园创业文化氛围，强化大学生创业意识。

通过报纸、电视、校园互联网等传媒，为大学生提供创业信息咨询服务，并通过校园互联网平台，把大学生创业项目、创业资金、创业导师、创业资源、创业政策等内容整合在一起，实行资源共享，供大学生选择。

通过大学生创业指导中心，负责组织校内外有关专家和管理咨询机构为创业学生提供企业管理、财政、税务、工商、外贸商务、法律法规等咨询服务和人员培训；负责对创业团队创业项目进行评审管理并择优予以支持；协助创业团队办理工商注册、税务登记，提供法律咨询和维权服务；帮助成熟的创业团队联系创业基地，帮助做好入驻工作；协助创业团队疏通融资渠道，争取有关的扶持资金、专项贷款和风险投资。

认真学习借鉴省内外的成功经验，建立大学生创业**孵化园区**，为学生创业提供实践基地。调查中，我们了解到大学生最希望高校创业教育给予的帮助是加强自身创业实践能力。为了更好地解决这个问题，我省高校要大力创办高校科技创业园区，逐步建立起完善的大学生创业实践平台，让园区成为师生创业的"**孵化器**"，并制定在校师生创业激励政策，完善相应的师生创业服务指导机构。具体实施中可以借鉴我省创业实践服务做得比较成功的学校的经验。

完善社会创业实践服务系统，建立"**产学研**"一体化驾驭模式，实现对高校创业人才的再教育。改善人才成长环境是全社会的事，**学校教育只是完成了部分工作，其创业能力的进一步形成还有待在社会大环境中进行实践锻炼**。据调查估计，江西省自1992 年开始启动"产学研"工程后，全省企业技术创新和新产品开发中的 80%依托高等院校或科研机构，15%依靠引进国外现成技术。但是，江西"产学研"结合的主要模式是省内企业依托省内外高校，主要意义在于实现企业的技术革新，这一模式对于江西创业人才的培养并没有起到相应的作用。所以，要完善创业实践服务系统，就必须创造多样化的"产学研"结合形式：一方面，依托省内工业园区，建立"产学研"基地，让学生在大学期间到企业工作一段时间，并将工作中的项目发展为毕业论文或毕业设计，以培养学生不畏艰苦及团结协作的精神和解决实际问题的能力；另一方面，不仅省内企业要走出去，省内高校也要走出去。江西总体属于不发达地区，缺乏优秀创业教育资源，因而，与发达地区优秀企业共建"产学研"基地，将有力推动江西高校创业教育的发展。

案例：江西财经大学的大学生创业孵化中心与南昌大学国家大学科技园。

1. 江西财经大学生创业孵化中心

2007 年 9 月 7 日，江西省首个大学生创业孵化中心在江西财经大学成立。首批入驻的 45 家公司的法人代表都是该校在校学生，而公司的 400 多名职员也全是该校的在校学生。这些"学生公司"在这里将免一年以上的场地租赁费，而他们的经营活动、内部管理、团队协作等都有由专家级老师组成的智囊团提供指导。大学生创业孵化中心由江西财经大学投资 260 多万元建成，总建筑面积达 4 000 多平方米。步入其内，这里俨然已是个写字楼，一间办公室便是一家公司所在地，只不过，穿梭奔忙在其中的都是尚显稚气的大学生。

杨道威是市场营销专业大四学生，他与其他同学一起创办的新势传媒有限公司是入驻中心的公司之一。杨道威说，在创业孵化中心办公只要交水电费，一年可省下万余元的房租费，这对于刚起步创业的学生而言是雪中送炭；而更为重要的是，在这里能得到老师的帮助，像他创业的选项、工商税务手续办理、经营方式等都是在老师手把手的帮助下完成的，是创业过程，更是学习过程。

江西财经大学负责人坦言，创办这个创业孵化中心，并不是想让学生"发大财"，更不是想增加学校收入"发小财"，而是要顺应当前创新创业的时代潮流，为在校学生构建一个创业实践的教学体系，一个大学生体验创业、锻炼创业能力的平台，一个培养创业者的摇篮。

2. 南昌大学国家大学科技园

南昌大学国家大学科技园一方面面向入园大学生制订培养计划，依托南昌大学的丰富资源和科技园建设的企业文化，大力发展开放式的适应市场经济发展和全球化趋势所需要的创业培训，通过专题讲座、专家指导、企业诊断、案例分析、实习观摩等形式，对入园大学生和高科技人才进行创业教育；另一方面，面向在校学生进行创新创业能力的培养，为在校学生创造和搭建一个提升创业能力的学习、实践的平台，解决当前在校学生创新和实践能力薄弱的问题，努力为学校和社会培养具有创新精神和实践能力相结合的专门人才。科技园通过整合大学、政府和社会资源搭建了九大服务平台，并以南昌大学科技园发展有限公司为投资主体，通过参股、合作、引入等方式建设了一批具有各种功能、多元化组织架构的平台公司实施市场化运作，建立了完善的创业教育实践服务体系。

（二）推进创业教育组织建设

推进创业教育需要一定的组织基础。制度化的组织形式不仅是推行创业教育的需要，也是创业教育可持续发展的需要，组织架构如下：

成立由党政领导、教学、科研、学生管理职能部门以及各教学院系、团委、学生就业指导中心等部门的负责人组成的学校级别的创业教育领导小组，负责学校创业教育有关政策和推进措施的制订，并负责对全校创业教育工作进行宏观管理与指导。

建立强有力的经常性的创业教育研究与管理机构，成立创业教育中心负责研究创业与创业教育理论，负责在基础层面与实践操作层面全面推进全校的创业教育，并做到专业教育与创业教育的有机结合。

在各教学院系成立与创业教育中心相对应的分支机构，组织实施本单位的创业教育工作。

积极鼓励创业方面的老师成立创业研究会，支持学生成立各种创业社团组织，并以组织为载体开展创业教育活动。

通过团委、学工部、学生会办好第二课堂活动，积极鼓励学生组建形式多样的创业团队，并为创业团队的建设和开展创业活动构建载体，大力扶持高校的各种创业实践活动的开展，如定期举办"创业沙龙"、成立"创业俱乐部"、举办"创业计划大赛"等，力争通过组织活动吸引大量的教师和学生参加创业教育活动，逐步建立起完善的高校创业服务组织。同时充分发挥校友会的作用，利用这个平台为大学生创业提供多种渠道帮助。江西财经大学在这方面的工作很有成效，形成了独特的"江财校友文化"。江西财经大学深厚的创业文化底蕴造就了一大批创业者。一方面，他们感恩其创业的素质和能力来自于学校的教育和培养，竭力为学校创业学生提供力所能及的帮助。比如，一些知名校友在学校设立了多种奖学金，捐建了多处校园基础设施建设，这些事迹给了学生客观真实的教育，增强了他们的创业意识。另一方面，他们的创业事迹也启迪、感动着江财人从办学理念上提炼、归纳和发扬办学特色，满怀激情地投入到创业教育中去。如今，江西财大的创业型校友遍布海内外，涌现出大小企业主和企业家4 000多人，形成了一批以江财校友为骨干的国内著名企业。如全国工商联副主席、中国民营科技实业家协会常务副理事长郑跃文，中国财务软件的领跑者、美国《商业周刊》评选的"亚洲之星"王文京等全国著名企业家，都是他们中的杰出代表。

五、加强校风建设，营造创业氛围

校风作为一种精神氛围，一种育人环境，代表着学校的形象，是学校的无形资产，而校风建设则集中表现在校园文化建设上。校园文化是一个动态的、开放的系统，它对于塑造学生的性格、促进学生的社会化、培养学生良好的精神风貌以及健全的心理素质等方面都起到了独特的作用，对于培养学生的创业精神更是有着不可替代的作用和地位。由此，我们在校园文化建设中应该突出创业教育的主题，自觉将创业教育融入学校整体的育人机制之中，使创业教育的观念深入人心。为了在校园内营造一个浓厚的创业文化氛围，高校可以结合自身的特色从以下两个方面进行尝试。

（一）重塑校园精神文化，营造浓厚的创业文化氛围

教育部副部长赵沁平认为高校除了普遍认同的三大功能（人才培养、科学研究和社会服务）之外，还具有第四种功能，即引领文化的功能。大学从其诞生以来，聚集大量科技、文化精英，通过知识传播、知识创造以及与社会的互动而对社会文化有着巨大的影响。也就是说大学具有与生俱来的、更为独特的、影响更为深远的引领文化的社会功能。校园精神文化对学生的发展具有潜移默化的影响。在传统的以保守、求稳等为主流的校园氛围影响下，绝大多数学生注重找一份稳定的工作。在对大学生的访谈中，许多大学生认为，即使他们将来要创业，也是等有了一份好的工作、赚到足够的钱以后的事情。他们宁可选择一条"先就业，后创业"的道路。另一方面，即使找不到"理想"的工作，他们也会退而求其次，满足于没有高薪但稳定的工作。这说明当代大学生对创业还有一定的畏惧心理，对创业中存在的风险有较高的忧患意识。因此，在高校营造一种敢于冒险、富于创新的校园创业文化氛围对学生创业素质的提升具有整体引导、塑造、培养功能和耳濡目染、点滴渗透的效果。而创业文化氛围的营造，本节建议从以下三个方面进行尝试：首先，要注重发挥高校教师在教学和研究中的创新意识对形成校园创业氛围的作用；其次，要通过开展大量与创业有关的活动，从而营造大学校园浓郁的创业气息；最后，通过以学校标志、学校文化设施和学校环境建设为载体的大学物质文化建设来影响校园精神文化，使创业教育思想在校园内达到"宣传媒介中有、师生意识中有、人文景观中有、实际行动中有"，营造创业教育环境和创业文化氛围。以江西财经大学为例，走进校园，创业文化无处不在：60米长的学生活动公告墙上，90%以上都是创业活动的海报；有实践经验的企业家每个月都会走进课堂，与学生们分享创业的经验与甘苦；学生学术节上学校成为一个大经济场，上万名学生自发成立了几百乃至上千家模拟公司，在老师和企业的指导下，组织模拟财务公司、模拟银行、模拟证券交易所、模拟人才交流市场、模拟税务征管等活动。

（二）完善创业型人才培养的制度文化，组织开展丰富多彩的创业教育活动

校园创业精神文化的落实要依赖以学校的组织建设和制度建设为载体的大学制度文化建设来保障。以南昌大学为例，他们建立了一系列创业方面的制度，如创业计划申报制度，并通过校团委和学生会组织的"创新创业活动力"，一方面积极鼓励学生组建形式多样的创业团队、设立学生科技中心和活跃学生社团；另一方面，充分利用现有的资源和条件，为团队的建设和活动构建载体。譬如举办"创业沙龙"，成立"创业俱乐部"，举办"创业论坛""人才论坛"，开展学术报告、研讨、辩论、科研竞赛、创业大赛、创业交流等。

当然，创业教育要最终落实到创业实践，还必须营造良好的区域创业文化环境。江西创业文化不足，创业基础较为薄弱，因此，我省必须着力完善创业驱动、创业决

策等创业机制及一系列创业管理制度，努力营造安全文明的法制环境、诚实守信的人文环境、开明开放的政策环境、高效快捷的办事环境和舒适优美的生活环境，为构建江西和谐创业文化环境提供保障。

六、秉承优良传统，突出区域特色

文化是有地域性的。地域文化是人们生活在特定的地理环境和历史条件下，世代耕耘、经营、创造、演变的结果。因而，生存在一定地域环境中的人们，其心理特征、文化性格都或多或少会受到地域环境的影响。每一个地方的地域文化都是在漫长的历史发展过程中逐渐形成的，它的形成受该地自然、地理、历史、经济和社会发展等因素的影响。而反过来，地域文化又会对当地的民风、社情乃至经济、社会、教育发展产生广泛而深远的影响。因此，秉承江西优秀传统文化，弘扬革命精神，成为整体推进具有江西区域特色的创业教育的重要途径。

（一）秉承优秀传统文化，构建有江西特色的创业教育体系

在江西传统文化中，一直保留着一个特点，那就是浓厚的读书氛围，这特点曾经带给赣人辉煌，也曾带给赣人遗憾。但它本身应该是个可加以利用的优良因素，关键是现代江西人应该学习什么和怎样学习。

江西三面环山，一面临水，虽成盆地之形，却无封闭之势，出得去，进得来，加之曾处于长江与经过长江和大庾岭的纵贯南北的交通主干线组成的大"十"字交通枢纽位置的优势，历来为多元文化荟萃之地，农工商并重，经济发达，人文鼎盛，在得益于地灵的优势之下，成为杰人辈出之地，赣文化也因此而具有多元与开放的特点。缘于地理及经济优势，江西的古代旧式教育曾一度领先，书院林立，江西人文也因此得以繁荣。但是近代以来，江西学子没有及时把握时代脉搏，反而单纯追求功名、热衷科举，使得江西人才全面衰落，人文全面势微。始于 1949 年的江西当代教育，经过了曲折的发展过程，取得了较大成就，但依然没有赶上时代的步伐。迄今为止，全省重点高校还比较少，且人才培养结构不合理。随着知识经济与经济全球化的不断融合，人才问题将越来越成为制约江西全面发展的瓶颈。要解决这一问题，一方面，高校要继承江西几千年历史发展积淀中形成的文化传统，深入挖掘古代文化资源，特别是"赣文化"，在"破"与"立，"扬"与"弃"的过程中，继承赣文化的精华。如：营造浓厚的读书氛围和人文情怀，摒弃"重文轻商、守土恋家、安贫守旧、懒散求稳、墨守成规、小富即安"的小农意识和"耻于经商、热衷仕途、学而优则仕、商而优则仕"的官本位思想；另一方面，要加大高校的教育投入，特别是要更新高校教育理念，以教育创新来促进创业教育，以创业教育来深化教育改革，构建有江西区域特色的创业

教育体系，从而真正培养出有创业能力及创业精神的创新创业型人才，加快我省科研成果转化，把科教兴赣战略落到实处。

（二）弘扬红色革命精神，构建江西和谐创业教育环境

江西历史发展积淀中形成的红色传统文化和中国共产党领导江西人民浴血奋战创造的革命历史文化是构建江西和谐创业的社会文化的基石。首先，高校应该注意挖掘江西红色文化资源，弘扬革命文化，让大学生学习"大义凛然、无私无畏、英勇顽强"的崇高革命精神。其次，高校应该着力探求革命文化与现代人文精神最佳交织层，总结并弘扬以"坚定信念、艰苦奋斗，实事求是、敢闯新路，依靠群众、勇于胜利"的井冈山精神为基础的符合江西地域特色的创业精神文化，打造红色文化精品，构筑全新的社会文化动力，激励江西大学生顽强的拼搏精神和蓬勃的创造精神，为江西的发展无私奉献，为构建江西和谐创业教育环境不懈努力。

（三）创新人才培养模式，发挥高校创业教育领军作用

不同的高校应该采取何种创业教育模式，必须结合区域文化特点及各高校自身的特点。相对发达地区来说，江西经济发展过程日益显露出来的突出矛盾是人才匮乏及企业创新能力不足。同时，江西高等教育资源相对匮乏，高校要为区域发展提供政治、经济、文化等全方位的服务。这在一定意义上，对高校提出了更高的要求，要求其培养的人才不但要有专业技能，更要有全新的创业理念和管理理念；要求其不但要培养出具有创业精神的大学生，更要成为培育社会创业精神的主阵地。因而，适应于江西地域特色的高校创业教育模式应该是综合的立体教育模式。

七、发挥政策优势，弘扬全民创业

政策导向为创业教育提供了坚实的基础。随着整个社会对创业教育的重视，政府部门向高校提出了一系列的优惠政策，有力地推动了大学生创业，也从而有力地推动了高校创业教育的发展。

2005 年 7 月江西省委省政府提出在全省形成"百姓创家业、能人创企业、干部创事业"的全民创业的生动局面。江西国民经济和社会发展"十一五"规划明确提出，加快壮大本土创业力量，积极引进外部创业力量，激活各类创业主体，大力发展创业型经济。全民创业的"全民"包含了最广大的人民群众、工人、事业单位机关工作者、领导干部等，而大学生在其中起着生力军的作用。广大高校应该抓紧机遇，加快建设和完善创业教育体系。推进本省创业教育活动，使创业人才辈出。

为了推进江西省内创业活动又好又快发展和鼓励支持江西省高校大学生创业，从依法治省的角度出发，江西省制定颁布《中共江西省委、江西省人民政府关于推动全民创业、加快富民兴赣的若干意见》，与地方政府、各部门出台的相关配套政策共同构成江西全民创业的比较完整的法律政策体系。具体表现在以下几个方面。

（一）针对大学生的创业优惠政策

各地各部门围绕省委省政府出台的《中共江西省委、江西省人民政府关于推动全民创业、加快富民兴赣的若干意见》出台了一些大学生优惠政策，包括江西省教育厅会同江西省地方税务局和江西省工商行政管理局联合颁布的《江西省普通高等学校毕业生自主创业优惠政策实施办法》（以下简称《实施办法》）。江西省教育科学研究所谭虎研究员在解释《实施办法》时提到五项大学生创业优惠政策：

① 大中专学校毕业生创办企业，可以享受《实施办法》中有关税收减免优惠和人才交流中心管理费用优惠等政策；

② 设立创业基金，资助自主创业者的早期投入；

③ 创建创业项目库，帮助毕业生寻找创业方向和项目；

④ 对在创业孵化基地创业的，自创办之日起，一年内减半缴纳房租费和水电费，三年内免缴物管费、卫生费、治安费；

⑤ 强化服务职能，在办理营业执照、资金借贷、税收减免等方面，为毕业生自主创业提供全方位服务。

（二）其他全民创业优惠政策

第一，创业指导咨询政策。各设区市劳动保障部门要成立创业指导中心，将创业服务延伸到街道社区和校园，免费为大学生创业者收集项目信息，提供项目开发、开业指导、创业培训、小额贷款、政策咨询一条龙服务。实施"开发万个创业项目、培育千个小企业"计划，建立创业项目的引进机制，大力发展连锁加盟项目，建立创业项目库等。

第二，大学生创业人员社保政策。自主创业大学生创业后享受 1 年社保补贴，使流动大学生创业者养老保险接续有保障。江西省对于未参保的自主创业者，将按城镇个体工商户参保政策参加当地基本养老保险。为鼓励自主创业人员创业，江西省规定，参保人员在不同统筹区域间流动，社保经办机构要及时为参保人员转移养老保险关系，接续养老保险。

第三，创业融资服务的政策。江西省鼓励设立创业投资风险基金，加大对大学生创业阶段小企业的信贷扶持力度，鼓励金融机构积极扶持劳动密集型小企业发展。处于创业发展阶段的小企业，贷款额度可最高不超过 100 万元，并由再就业资金给予 50% 的贴息及对经办银行适当的手续费补助。

第四，创业孵化基地政策。鼓励和引导建立创业孵化基地，建立创业指导服务平台。江西省鼓励和引导有条件的地方在经济技术开发区、工业园区、高新技术园区开辟大学毕业生、留学回国人员初次创业基地或创业孵化基地，劳动保障部门会同有关部门提供"一站式"服务，以免费或低价租赁的方式提供创业场地，教育、科研、经济等部门对小企业提供技术、信息、市场分析、政策咨询等服务。对各类社区创业项目，各地将统筹规划，在经营场地安排、优惠政策落实、创业资金等方面，为创业人员提供便捷服务。

与此同时，健全政策落实机制，提高全民创业政策的执行力。如在省、市、县三级普遍设立行政服务中心和行政投诉中心，以方便群众和企业办事，提高服务时效性。

政府部门的政策制定极大地激发了大学生的创业热情，也推动了高校创业教育的发展。江西经济正处于推动全民创业，加快富民兴赣大业的黄金期。要构建和谐平安江西，实现江西在中部地区的全面崛起，必须推动创业教育的发展。前江西省委书记孟建柱同志在 2005 年 7 月全省领导干部会议上指出，要以创业推动发展，以创业带动就业，以创业加快致富，以创业促进和谐。而开展全民创业的关键在人。在当代社会，资源概念已不局限于传统意义上的自然资源、资金、设备、一般劳动力的有形资源，以知识、技术、人力资本为核心的无形资源，越来越成为社会创新发展的根本要素。而这些无形资源恰恰是江西经济发展过程中非常缺乏的资源。在今后的发展中，江西要进一步推动全民创业，保持人口与经济的可持续发展，必须要提高人口总体素质，加快壮大本土创业力量。在江西大力推动全民创业背景下，开展创业教育比一般就业教育更为迫切。2005 年 7 月江西省委教育工委、省教育厅出台了《关于贯彻落实全省领导干部会议精神的若干意见》要求全省教育系统紧紧围绕经济发展中心，为推动全民创业、加快富民兴赣步伐提供强有力的人才支持和知识贡献。江西省内各大高校要以更新观念为先导，加大创新创业人才培养力度，调整专业结构和课程设置，更新教材内容，重点发展与江西经济建设和社会发展较密切的学科和品牌专业建设，培养教师开展创业教育的教学能力，把创业教育纳入国民教育体系，努力创建适应于江西区域特点的创业教育模式，着力培养一批具有现代经营管理理念、国际眼光的优秀企业家，培养一批高素质、高技能、专业化的实用型人才，把江西从人口大省变成人才大省、创业大省，为科教兴赣战略找到一个带动全局的突破口。推进江西高校投入"全民创业"大潮，实施全方位的创业教育，是培育和谐创业文化，实现江西在中部地区崛起的必由之路。

第四节 "互联网+"背景下大学生创新创业机遇与挑战

互联网经济自 2003 年以来在中国高速发展，网民不断增加，网民以"80 后""90后"为主，其中大学生占了很大一部分。大学生自身接受新事物的能力强，敢于创新，成为互联网经济中一支不可或缺的力量。就业形势的严峻使得很多大学生把目光投向了有着无限商机的互联网创业，加之互联网创业成本低廉，很多大学生积极参与其中。

一、互联网创业面临的机遇

（一）政府出台一系列政策鼓励互联网经济的发展

在中国，积极发展网络市场已经成为一股不可阻挡的洪流，政府大力支持电子商务的发展。党的十六大报告指出："信息化是我国加快实现工业化和现代化的必然选择。坚持以信息化带动工业化，以工业化促进信息化，走出一条科技含量高、经济效益好、资源消耗低、环境污染少、人力资源优势得到充分发挥的新型工业化道路。"各级政府也为促进当地互联网经济的发展出台了一系列优惠政策，为大学生互联网创业提供了宽松的创业环境。比如：同年国家提出了《电子信息产业调整和振兴规划》，2009 年浙江省教育厅下发的《关于对普通高等学校毕业生从事电子商务（网店）进行自主创业认定的通知》中，鼓励高校毕业生自主创业；2012 年浙江省工商局已正式出台《关于大力推进网上市场快速健康发展的若干意见》，以引导当前持续高涨的互联网创业激情。这些政策都为大学生互联网创业提供了良好的政策环境。

（二）互联网创业所需成本低廉

以网店为例，开办网店只需要少量的互联网注册费、制作网页费用、软硬件费用等，而不像一般的实体店，需要实体店租赁、水电费、雇用人员、营业税等一系列的经常性费用；另一方面，其生产成本也可以降到最低，因为卖家可以在接到顾客订单后，再向生产厂家订货，由生产厂家直接发货给买家，这就使得卖家彻底摆脱"积压货"的困扰，不需要生产成本进行销售。此外，使用病毒式营销推广、邮件广告、友情链接等免费的网络营销方式，可以较低的营销成本达到较好的宣传效果。

（三）互联网市场发展潜力巨大

首先，中国网民数量不断攀升。从中国互联网信息中心（CNNIC）发布的数据来看，截至 2022 年 12 月底，中国网民数量达到 10.67 亿，互联网普及率为 75.6%。与 2021 年 12 月相比网民增量为 3 549 万，普及率提升 2.6 个百分点。同时，随着近年来智能手机的普及，互联网购物在手机上就能实现。截至 2022 年 12 月，我国手机网民规模达到 10.65 亿，较 2021 年 12 月增加了约 3 636 万人。网民可以利用工作学习的空隙实现随时随地消费，简单而快捷，网民的数量、消费次数也大大增加，互联网市场将进一步扩大。另外，互联网市场具有开放性，消除了距离障碍，打破了交易的地点限制，资源在全国甚至全球范围内流动，消费者可以根据自身的经济实力和喜好购买物品，资源得到了最有效配置。而现代物流业的迅速发展为互联网市场提供了强有力的支持。

（四）互联网创业便于大学生发挥自身优势，学以致用

一方面，中国网民大部分为年轻人，思想相对开放，追求个性化。随着生活水平的提高，网民们的需求结构也发生了巨大变化，在满足了吃饱穿暖等物质需要后，更追求舒适、美观、时尚、个性等方面的精神享受。90 后的大学生是网民的重要组成部分之一。他们能从自身角度出发，积极地接受新鲜事物，大胆创新，从而敏锐地嗅到市场商机所在。另一方面，很多高校开设电子商务、互联网营销、网页制作等相关课程，老师们以实际案例教学，大大激发了学生们互联网创业的欲望。大学生学以致用，将课堂中的理论知识直接用到实践中，解决了互联网创业中的很多技术问题。

二、大学生互联网创业面临的挑战

（一）国内大学生由于应试教育的影响，创新能力有限

大部分大学生因好的创意走上创业之路。但互联网发展瞬息万变，以"吸引眼球"为主要赢利手段的互联网经济要求互联网企业推出更多、更好的创意。然而，大学生的创新意识和创造能力都是有限的，在离开了课堂学习而又不得不为企业发展的种种琐事所纠缠时，他们的创新能力和市场拓展能力也逐渐萎靡。同时，在高等教育中，大学生一般都处于象牙塔中，很少接受挫折教育，直接导致很多传统职业（如公务员、事业单位）对这些在创业初期受挫的大学生吸引力增大。他们中很多人更趋向放弃创业，追求相对稳定、压力不大的工作。

（二）从大学生整体综合素质上来讲，缺乏互联网创业心态，技能落后

互联网创业环境与传统市场环境相比更透明，竞争更剧烈。与那些在职场上已经摸爬滚打过的人或已有创业经验的人相比，刚出象牙塔的大学生在人际关系、实践经验、管理意识等方面基本素质的缺乏显而易见。很多大学生的互联网创业灵感来自于高校的电子商务大赛、挑战杯创业大赛，在比赛期间取得了优异成绩。但是一旦投入实践，大学生们都会遇到各种棘手的问题，经验不足、怕面对困难导致他们很容易放弃已经有所起色的互联网创业。

（三）整个社会缺乏创业的氛围，支持度不高

从整个社会大环境来看，由于受我国传统文化中"学而优则仕""轻商贱利"等思想的深刻影响，因此大多数人倾向于传统职业，对创业始终持怀疑态度，而对于创业

过程中可能会出现的失败，大多数人也缺乏应有的宽容；从家庭来看，生于二十世纪五六十年代的父母亲们由于经历了中国的"文化大革命"和改革开放时期，更加希望孩子们能找一份稳定的工作，安安稳稳地过一辈子，而不是下海从事这些有巨大风险和压力的创业活动；从高校来看，虽然学校老师们鼓励支持学生的创业活动，举办各种电子商务大赛、创业大赛等，但这些仅仅停留在理论上，实践上的指导很少，甚至没有。大部分大学生迫于现实压力，都会选择考公务员、事业单位、考研等，这种文化氛围也极不利于大学生创业。

（四）互联网创业发展所依靠的媒介——互联网存在很大的局限性

就网上购物来说，其局限性还很多。由于在网上看到的商品大多是实物的照片，一件立体的实物缩小许多变成平面的画片，商品本身的一些信息会丢失，直观性受到很大的局限。此外，电子商务的管理还不够完善，存在相关法律不到位、产生纠纷时很难处置、网上交易的安全性保障不到位等问题。这些电子商务发展的瓶颈同样会制约大学生互联网创业的良性发展。

（五）互联网创业后期，筹资困难

互联网创业后期，必然需要大笔的资金来支持其发展壮大。但就中国目前的情况来看，筹集创业资金相当困难。届时的大学生刚走出学校不久，少数学生仍然在学校念书，想要单纯靠自己的力量获得大笔的资金几乎不可能，所以必须求助于旁人。而目前我国的资本市场仍欠成熟，在融资方面存在一定问题，对于刚走出校门甚至还未毕业的大学生来说，融资更是难上加难。向银行借贷，程序烦琐，困难重重，所以大部分大学生将目光投向民间借贷，而民间借贷资金来源不稳定，很容易造成资金断链。互联网创业在我国是一个比较新的领域，且没有实体资产，因此融资环境比实体创业更差，这使得原本创业融资的困难问题变得更加严峻。

第四章 高校创新创业教育实践教学体系的构建

第一节 我国高校创新创业教育实践教学体系建设现状分析

一、创新创业能力培养与实践教学体系

学术界相对来说，较为重视高等教育中基础教学、科研培养等方面的研究，而实践教学这种培养大学生创新创业能力的教育模式的研究则较为薄弱。总体来看，无论是从研究广度、研究宽度还是研究深度方面，都比较欠缺，多数研究显得零散、单一，局限于传统的视角和领域，一般性、普遍性问题研究较多，缺乏系统性、普适性的探讨。尽管如此，随着近年来学者们的不断探索，创新创业人才培养问题和实践教学中体系的构建逐渐成为研究的热门问题，此领域积累了相当丰富的知识和经验，产生了许多值得借鉴和参考的有价值的研究成果。

（一）创新能力、创业能力的含义

1. 创新能力的含义

创新的社会学解释是，人们为了发展的需要，在前人已经发展或发明成果的基础上，不断突破常规、提出新的见解、开拓新的领域、解决新的问题、进行新的运用、创造新的事物。创新能力是实施创新行为所具备的本领或技能。

对于创新能力的含义，国内不同的学者对其的理解和使用有很大的差异。有的学者指出，创新能力是指利用已积累的知识和经验经过科学的思维加工和再造，产生新知识、新思想、新方法和新成果的能力。有的学者认为，从创新能力表现形式来看，创新能力的本质在于创新，具体表现为产生某种新颖独特、有社会价值或个人价值的思想、观点、方法和产品的能力。还有的学者认为从整合的角度来看，创新能力是个人知识储备、创新思维和创新个性的多维、多层次的综合表征。其中知识储备是创新能力的基础，创新思维是核心，创新个性是保障。尽管不同学者从不同的角度理解创新能力，给出的定义差别也比较大，但它们都有助于人们科学理解创新能力的含义。

综上所述，在本书中，笔者的理解为：创新能力是指创新主体利用已有的知识和经验，具备能从事创新活动的思维和能力。

2. 创业能力的含义

创业能力是在 1989 年 12 月联合国教科文组织亚太地区会议期间提出的。会议指出："要求把创业能力教育提高到与目前学术性和职业性教育护照所享有的同等地位。创业能力教育要求培养思维、规划、合作、交流、组织、解决问题、跟踪和评估的能力。"

对于创业能力的含义，国内学者主要有以下几种认识和表述。有的学者认为、创业能力不仅暗含很强的实践性，需要有一定的实践经验，同时也包括了较强的综合能力，需要具备较高的综合素质；它是集创造性和自我开发与实现的一种特殊的创造力；它是专业职业能力、经营管理能力、综合性能力三种能力的结合。有的学者认为，创业能力是指一种主体的心理条件，它可以影响创业实践活动效率，促使创业实践活动顺利进行换一种说法，创业能力是一种以人的智力发展为核心，兼具较强综合性和创造性的心理机能；是经验、知识、技能经过类化、概括化后形成的，后在创业实践活动中反映为复杂而协调的行为过程。还有的学者认为，创业能力狭义上是指自主创业能力，即除工资形式就业以外的自我谋职的能力或顺利实现自主创业的特殊能力，包括个体自身的一些特质，例如创业品质、专业技能、信息处理能力、决策应变力、环境适应力。

以上关于创业能力的不少观点都值得我们借鉴。笔者比较赞同的是，创业能力是一种实践性、综合性很强的，有创造性特征，有自我开发、自我实现性质的，以智力为核心的特殊能力。

（二）创新创业能力的培养

1. 创新创业能力的内涵及构成

以"创新创业能力"为主题的学术论文有很多，但是学者们在学术论文中很少提到创新创业能力的内涵，大多数是从创新创业教育角度来分析的，主要有三种看法。

第一种理解，将创新创业能力等同于创新教育中培养的创新能力。

第二种理解，将创新创业能力等同于创业教育中培养的创业能力。

第三种理解，将创新创业能力理解为创新能力与创业能力的结合，是一种兼顾创新能力和创业能力并以创业能力为落脚点的能力。

这样理解"创新创业能力"是不够全面的。根据本书的特点,对上述关于"创新能力""创业能力"的含义进行归纳和总结,笔者认为,"创新创业能力"强调的是学生的基本素质、创新精神和创造性思维,同时注重学生的理论知识和实践能力,尤其是自我创业意识和创新操作能力,具备能够独立自主地发现问题、解决问题,并提出自己新观点的能力,同时又具备创业意识、对创业有所追求的能力。简单来说,创新创业能力指的是一种既具有实践能力、创新能力,又具备创业潜能的复合型能力。

人们从事创新创业活动,需要各种能力,绝不是单凭一种能力或某几种能力就能达到预期目标的。要使创新创业主体能发现问题、解决问题,提出自己的新观点构思和创造有价值的东西,就必须使创新创业能力各要素联合成一个整合体,发挥创新创业综合效应。

（1）智力是创新创业能力的基础

智力是人认识客观事物并运用知识理解解决实际问题的能力。知识是对事物属性与联系的认识,是人们在社会实践过程中积累起来的经验。智力包括很多方面,如观察力、记忆力、思维能力、应变能力和分析判断能力等。这些都是认识活动所必须具备的一般能力。一般的智力转化为创新创业能力,要求主体在创新创业活动中对智力因素实现有机整合,主要包括信息获取能力、创新操作能力和开创事业的能力等。

（2）创新素养是创新创业能力的核心

丰富的知识要转化为能力,在实践中产生新的成果,关键点就是创新素养。创新素养包括创新意识、创新精神和创新思维。创新意识是创新思维活动的起点,是使个体产生创造行为的内驱力,是创造的意图等思想观念。创新精神指的是创新者所具备的智力与非智力心理品质的有机结合与升华而产生的实际创造动力。创新思维是指一个人在创新过程中,产生的对新事物的认识活动,它具有多向性、形象性、突发性等特点。

（3）创业潜能是创新创业能力培养的动力

创业潜能存在于创业意识和创业精神层面,是在一定社会环境和教育条件影响下,形成的与他人不同的较固定态度和行为特征,是思维和行为相结合的体现。培养创业意识主要包括形成创业需求、动机、兴趣和信念等。培养创业精神,主要包括形成自信心、坚韧性、敢为性、独立性和合作性等心理品质。

2. 大学生创新创业能力培养的内容和意义

中共十八大报告明确提出了"建设创新型国家""以创业带动就业,提高创业能力""创业中离不开创新"等内容。大学生是最具有创新创业潜力的群体之一,高校应该深入学习科学发展观和建设创新型国家战略,深化教学改革,培养大学生创新创业的能力，这是落实"以创业带动就业，提高创业能力"促进高校毕业生充分就业的重要措施。

基于上述创新创业能力的内涵及构成的分析，培养大学生创新创业能力应包括以下几个方面的内容。

第一，实践动手能力：自己面对问题时，具备发现问题、分析问题和解决问题的能力。

第二，创新性思维能力：能用专业术语表述新问题，发现事物的规律性的能力，包括发散性思维和非逻辑思维能力等。

第三，能独立思考、独立判断和独立从事科研活动的能力。

第四，学术交流能力：能将研究成果以专著或学术论文的形式表达出来，将新的思想或知识传递给他人的能力等。

第五，创业潜能：在使自身的实践能力和创新能力达到一定高度的时候，具备能激发自身创造力来开辟新事业、新行业的潜在能力。

对于大学生创新创业能力培养的意义，可以概括为以下几个方面。

（1）培养大学生创新创业能力是国家战略的需要

21 世纪，各国竞争的重点已转化为经济和综合国力的竞争，归根到底是科技和人才的竞争。谁拥有创新型的人才，谁才能在这场激烈的国际竞争中取得更大的优势。创新是一个民族进步的灵魂，是一个国家兴旺发达的动力。党中央、国务院做出的建设创新型国家的决策，是事关社会主义现代化建设的重大战略决策。创新型国家的建设需要具有创新创业能力的人才，应培养创新创业人才，大力推进理论创新、制度创新、科技创新，不断巩固和发展中国特色社会主义伟大事业。大力培养大学生创新创业能力是高校的首要任务和关键措施，能够有效地推动创新型国家的建设。

（2）培养大学生创新创业能力是缓解就业压力的需要

随着高校的扩招，我国大学生就业压力越来越大，就业形势相当严峻。创新创业教育能够有效缓解社会就业压力。高校应全面开展切实有效的创新创业教育，培养大学生的创新能力，激发大学生的创业潜能，引导和帮助越来越多的大学生加入到创新创业队伍中来，使大学生成为为社会创造价值的创业者，由寻求就业岗位的就业者变成提供就业岗位的创业者，有效缓解大学生就业难题。

（3）培养大学生创新创业能力是大学生自身发展的需要

敢于思考，追求个性，有着强烈的自我意识，渴望实现自我价值，是当代大学生的时代特征。高校应培养大学生的创新创业能力，使他们更加注重自身综合素质和能力的提升，为他们实现自身的发展提供了条件。大学生通过创新创业活动，选择适合自己发展的领域，突破和创新自己的思想，才能够实现自己的人生价值。

二、实践教学体系

1. 实践教学与教学体系

顾明远主编的《教育大辞典》中，对实践教学有一个明确的解释："实践教学是相对于理论教学的各种教学活动的总称。包括实验、实习、设计、工程测绘、社会调查等。旨在使学生获得感性知识，掌握技能、技巧，养成理论联系实际的作风和独立工作的能力。"实践教学的这个定义，是从其内涵和外延来理解的。

按照系统论的思想，教学体系是指为了达到教育目的，由教学活动相关要素构成的，并以一定稳定结构形式存在的，实现特定教学功能的，相互影响、相互作用的有机整体。对于教学体系的构成要素，有经典的三要素说，即"学生、教师和教材"，但是现在大部分学者认为教学体系的构成除了学生、教师和教材外，还应包括教学目标、教学内容和教学环境。

2. 实践教学体系的内涵

实践教学体系是一个有机的整体，大部分学者都认为其有狭义和广义的内涵之分。总的来说，由目标、内容、管理和评估体系等要素构成实践教学体系整体，这是按照其广义层面来描述的。而狭义的实践教学体系是指实践教学的内容体系。本文以广义的实践教学体系内涵作为参照，但并不局限于其设定的目标、内容、管理和评估四大要素。笔者把实验、实训、实习和毕业论文等环节作为实践教学活动，把体系的管理、评估和条件保障作为实践教学体系的环境资源来加以重新认识。所以笔者认为，实践教学体系是以实践教学人才培养目标为核心前提，以实践教学活动为主体内容，并以相应环境资源作为支持条件的一个有机联系的整体。

三、实践教学体系构建的理论基础

实践教学是和社会诸多领域有着紧密联系的实践活动，实践教学体系的构建也涉及各种与之相关的要素。在综合考察实践教学内涵的基础上，实践教学与学习论的思想密不可分。它们不仅为实践教学体系设计提供理论指导，也为人们认识教育本质、确立教学目标、选择教学内容等教育问题提供重要的理论依据。

学者们对学习的探讨从未停止过，无论是行为主义心理学创造的"刺激—反应"学习理论，还是认知主义心理学家对人类认知过程和组成因素的研究，社会因素和个体因素都已经成为学者们关注的焦点，特别是建构主义学习理论对教育思想产生了重大的影响。

建构主义学习理论认为，知识和技能不是被动积累的，而是学习者积极实践的结果。知识和技能的建构必须从激发学习者的学习动机开始，而传统的教育模式往往是先理论后实践，实践能力弱的学生在社会上缺乏核心竞争力。因此，必须确立实践教学在创新创业人才培养过程中的主体地位。学习者的学习过程要关注知识和技能的连贯性和教学内容的情境性，应使用情境教学方法，使学习内容具有真实性任务，使学习行为在与现实情境相似的情境中产生的实践教学是符合情境教学要求的，能够使学生通过具体的社会实践、实训、实习等实践环节，在解决具体问题情景中，积极主动地建构自己的理解过程和创造过程。

四、实践教学体系在创新创业能力培养中的重要作用

高校通过实践教学，培养的是学生实践动手能力以及发现问题和解决问题的能力。21 世纪创新创业人才培养的要求中，学生创新创业能力的核心就是创新，创业是在具备一定程度创新的基础上升华得到的。实践能力是创新能力发展的基石，高校构建面向创新创业能力培养的实践教学体系是符合现代教育要求和社会人才需求的。

第一，构建实践教学体系是连接学生理论知识和实践能力的重要手段。学以致用是从古至今都崇尚的获取和使用知识的目标，实现学以致用的目标的过程就是实践教学。实践教学能够培养学生运用知识、创造知识的能力，使学生真正发挥用理论指导实践的作用，为学生毕业后进入社会工作创造必要条件。

第二，实践教学体系是本科教学体系的重要组成部分。高校本科教学的培养目标和专业人才的培养目标的实现，都离不开实践教学这一关键环节。实践教学培养的是学生的实践能力、创新能力和创业潜能，而只有通过实践教学体系才能更加系统化地实现实践教学的作用，这是学生能力发展的必要条件。

第三，实践教学是学生创新能力培养的基石。学生创业潜能的激发离不开创新能力的积累，创新能力的积累离不开实践能力的提升。没有实践能力，创新能力是不可能得到发展的。学生在实践中不断积累自己的实践能力，形成良好的创新意识，无形中就会使自己的创新能力逐步提升。

第四，实践教学更深远的意义在于学生个体的全面发展。21 世纪国家的发展靠人才，人才综合素质的提升是一个国家综合国力提升的表现。国家培养学生的综合素质，正是在学生进入社会前，通过实践教学逐步使学生获得全面发展来实现的。

第二节　高校创新创业教育实践教学体系建设策略

一、面向创新创业能力培养的实践教学体系模型构建

（一）当前高校实践教学体系存在的问题分析

近年来，我国各大高校纷纷加大对实验室的建设投入以改善实践教学条件，积极开展实践教学改革，这不仅有效促进了学生实践能力和创新能力的提升，还为实现创新型人才的培养目标奠定了坚实基础。然而，在高校实践教学改革的探索阶段，仍然存在着一些问题。

1. 对实践教学的充分认识和重视程度还有待进一步提高

目前一些高校受传统教学模式的影响，重理论、轻实践，重知识传授、轻能力培养，实践教学长期处于高校教学活动中的次要地位。高校的人才培养方案一般以理论课程的知识能力培养为主，以实验环节的实践能力培养为辅。这种实践教学定位和人才培养模式已经难以满足学生实践能力和创新能力培养的需求。实践教学活动一方面能够使学生将理论知识联系到实践中解决实际问题；另一方面能够锻炼学生发现问题、分析问题和解决问题的能力，这些是理论教学难以替代的。因此，高校需要尽快转变教学观念，确立实践教学在创新型人才培养过程中的主体地位。

2. 高校实践教学改革缺乏整体规划

很多高校把实践教学体系构建的重点放在了实践教学活动上，虽然开设了实验、实训和实习等多种实践教学环节，且各个环节具有一定的时间保证，但是各环节之间缺乏有效的内在联系和有机结合，这种无序的状态与创新型人才培养目标有较大的差距，实践教学体系作为相对完整的教学体系，具有相对独立性。在建设和实施的过程中，应避免孤立性和片面性，需要紧紧围绕专业人才培养目标，运用系统性思维和整体优化思想指导实践教学体系的构建。

3. 实践教学体系构建需要挖掘与之相适应的环境条件

与高校理论教学相比，实践教学活动的开展需要投入更多的人力和物力，不仅受到实验设备、实验场所和实践教学师资等条件的限制，而且还需要得到社会和企业的支持，操作起来难度较大。在师资队伍培养方面，高校缺乏具有过硬操作和技术经验的实验老师；在实践教学硬件设施的建设方面，实验室建设、设备更新和实验条件改

善都需要大量的资金投入，一些有能力的高校虽然建设好了实验室，但是缺乏合理的运行和共享机制；在实践基地的建设方面，许多高校建立的校外实践基地数量不足，而且其中有相当一部分稳定性不高，难以使实践基地发挥最大的效用。

二、实践教学体系的理论构建原则

实践教学体系的高效运行必须考虑多种要素间的相互作用。在综合了创新创业人才培养范畴和实践教学体系特征的基础上，笔者提出了构建实践教学体系过程中需要遵循的一般性原则。

（一）目标性原则

高校实践教学体系的建构必须紧紧围绕培养大学生创新创业能力这一人才培养目标来进行，要把培养既具有扎实的理论基础，又具有较高创新素养和较大创业潜能的人才作为实践教学体系的出发点。实践教学体系人才培养目标应该根据高校人才培养规格、专业学科特点和发展规律以及社会对人才的需求，来进行明确的、有针对性的具体设定。

（二）系统性原则

高校实践教学体系的构建，应该根据高等教育的规律和人才培养特点，按照各个实践教学环节的地位、作用及相互之间的内在联系，运用系统科学的方法进行统筹安排。实践教学环节的时间安排上要保持连续性，要处理好实践教学与理论教学的关系，合理分配课时比例，保持整个教学过程的系统性。实践教学与理论教学的相互衔接、相互渗透，使体系内的各个环节协调统一，贯穿于高等教育的全过程。

（三）层次性原则

大学生能力的发展是一个循序渐进的过程。遵循这一客观规律，实践教学体系也应分阶段、分层次逐步深化。实践教学目标要由易到难，实践教学环节要由简单到复杂，实践教学方法要由单一到综合，分阶段、分层次，循序渐进地加以构建。

（四）实践性原则

实践出真理。对实践教学体系的构建要有利于学生实践能力的培养，主要体现在实践教学目标要符合社会发展和人才需求，除培养学生的应用实践能力外，还应注重学生的创新创业能力的培养，以满足学生自主发展的需要。在教学内容上，应突出知识更新的要求，以实践、实训活动为主导，模拟真实的环境来开展实践教学。

三、面向创新创业能力培养的实践教学体系

（一）实践教学体系的结构

实践教学体系的构建是以实践教学人才培养目标为核心前提，以实践教学活动为主体内容，以相应环境资源作为支持条件的一个有机联系的整体。所以在构建面向创新创业能力培养的实践教学体系时，将培养大学生创新创业能力作为实践教学人才培养目标，与实践教学活动和配套的环境资源构成了体系中三大要素。这三大要素各有内涵又相互联系、相互促进。

（二）实践教学体系构建的目标导向

创新创业人才培养目标是高校实践教学体系构建的目标导向，也是其核心前提。这指的是在实践教学体系的构建中，要把培养学生创新创业能力作为实践教学人才的培养目标，把创新创业人才培养目标贯穿于实践教学体系的每个环节中，通过实践教学活动培养学生的实践能力、创新素养和创业潜能，使学生实际问题的解决能力和综合素质得到提高，使学生做到德、智、体、美全面发展。

1. 培养学生理论联系实际的能力

实践教学的首要任务就是要求学生能将理论知识与实践动手能力相结合，将课堂教育与社会实践相结合。这样，学生在进入工作以后，就能够学会理论联系实际，充分利用理论知识、指导思想，去观察、处理问题，解决实际工作中遇到的现实问题。

2. 培养学生发现问题和解决问题的能力

在用人单位看来，现在的大学生发现问题和解决问题的能力并不理想。学生缺乏实践经验，在工作中很难发挥高学历知识教育的优势。因此，应通过实践教学，努力提高学生的观察力、理解力和思考力。

3. 培养学生创新能力，激发学生创业潜能

创新，对 21 世纪人才培养具有重要意义。在不断变化的世界环境中，只有具备创新能力的人才才能发挥举足轻重的作用，为社会发展作出贡献。通过创新能力的不断提升，使学生富有创造力，激发学生的创业潜能，使学生能够开辟新的行业和领域。

高校要依据自身的学校定位，适当调整各学科教学计划，以培养学生创新创业能力的教学理念为指导，突出实践教学体系各环节的连贯性和整体性，完善实践教学内容，积极培养学生的实践能力，以满足新时期学科专业发展对专业人才的需要，力争实现创新创业人才培养目标。

四、实践教学体系构建的主体内容

按照不同的教学目标，遵循实验内容深度的递进、实践技能层次的递进、综合应用水平的递进原则，实践教学活动主要包括基础实践阶段、专业实践阶段和综合实践阶段三个层次阶段。通过这三个实践阶段，学校可以合理地、循序渐进地安排实践教学活动，将创新创业人才培养目标和实践教学内容具体落实到各个阶段中，达到学生实践能力、创新能力的培养要求。其中每个层次阶段有不同环节的实践教学活动。

基础实践阶段是专业能力初步锻炼的阶段，对理论知识的理解、弥补课堂教学的不足起着重要作用，是专业实践阶段的前提。基础实践阶段主要包括课程实验、社会调查和参观见习三部分，重点培养学生基本技能和基础实验能力。课程实验的教学目标以理论知识为支撑，使学生具备以操作能力为主的基础实践能力，通过实际操作和应用来发现和解决问题；社会调查通过实地调查研究，促使学生去验证和解决课程中遇到的理论性问题；参观见习的目的是增长自身专业知识的见识，主要通过老师带团参观与专业相关的校外单位等方式进行。

专业实践阶段是在经过专业知识的系统学习之后，开始把所学知识运用到科研探索中，强调专业实践的重要性，是对学生科研能力培养的有益尝试。创业实践阶段主要包括课程设计、项目实践和专业实训三个部分。学生在课堂的学习时间有限，不可能完全掌握学科专业知识，所以项目实践环节可以使学生根据自身的特长，选择感兴趣的某一专业项目，在教师的指导下，以项目小组的形式组合在一起学习和研究，通过互帮互学，培养团队精神和融汇多学科知识的能力，培育学生设计实验的能力。专业实训主要采用校企结合的形式，由学校老师和企业老师带队，走到实际的工作环境中去，让学生亲身体会到未来的工作状态，帮助学生及早地适应工作环境，使其满足行业需求，是连接校内学习和企业需求的桥梁，是毕业实习的一个提前模拟。

综合实践阶段主要包括科研竞赛、毕业实习和毕业论文三个部分，重点培养学生综合实践能力和创新能力。在科研竞赛中，学生在学校指导教师的辅导下，参与老师的课题研究、科研立项和大学生创新性实验项目等学术活动，也可以参加本专业的各项竞赛活动等，锻炼学生把理论知识与实践能力相结合的能力。为了能让学生在毕业实习的时候尽快进入工作状态，适应真实的工作环境，毕业实习是学生自己参加到相关企业部门中去，并没有教师从旁指导，学生真正地投入到实际工作中，发挥自己的综合能力，解决问题，给企业创造经济效益。学生在毕业实习中，积累工作经验，为就业做准备。毕业论文是和毕业实习相辅相成的一个实际活动，毕业论文的主题来自于学生对毕业实习过程中对专业知识的总结和升华，体现出学生的科研能力和创新能力。

五、实践教学体系构建的环境资源

实践教学体系的构建必须有一系列教学硬件和软件的提供，才能保障实践教学的顺利开展，这些软件和硬件就构成了实践教学体系的资源环境。实践教学体系的构建前提主要包括条件、环境保障、质量保障等多个方面。

（一）完善实践教学管理机制是高校实践教学体系构建的前提条件

适合创新创业型人才培养的实践教学体系必须要有与之相适应的实践教学管理机制作为其前提条件。其管理机制包括以下内容：

第一，分级组织管理。高校实践教学管理实行校、院二级管理体制，由学校负责为实践教学制定相应的管理办法和措施，各二级学院作为办学实体负责实践教学的组织和实施。

第二，教学制度管理。大部分高校的学生必须按照专业教学计划，接受与其他专业同学相同的教学内容，而不能自主选择个性化的课程，这样并不利于大学生实践创新能力的培养。完善实践教学制度，需要实行"弹性学分制"保证学生获得学分途径的多样性和灵活性，促进学生创新能力的最大化发展。

第三，运行评价管理。建立起包括学科专业资源、软硬件条件、校内外实训实习基地等实验教学资源有效利用和共享开放的机制，保证实践教学资源得到最大地有效利用，为实践教学活动的开展提供可靠的保障。同时，需要对实践教学的各个环行制定相应的评价反馈机制，利用这种机制来促进实践教学质量的提高，通过评价反馈保证实验教学改革的机制对实验教学资源的有效配置与利用，起到良好的监督与指导作用。

（二）实践教学基地建设是高校实践教学体系构建的环境保障

实践教学基地建设可分为校内实训基地建设和校外实习基地建设两个方面。校内实训基地主要是指面向本校师生，采取校企结合的模式，在校内开设企业培训课程，进行企业模拟实践项目，能体现学校管理和专业特色的实训场所。校外实习基地需要依托企业的教师，按照企业生产实践的真实需求，参与学生的校外实习教学环节的管理和指导工作。良好的实践环境是培养学生实践能力和创新能力的重要基础，所以高校应该确立以校内实训基地发展为核心，稳定与扩展校外实习基地建设，采取校内与校外共建相结合的思路，来为推进高校实践教学改革的基本环境建设提供保障。

（三）高素质的实践教学师资队伍是高校实践教学体系构建的质量保障

近年来，很多高校开始认识到，实践教学人员已不再是传统观念中的教辅人员，而是教学活动的主体，实践教师队伍素质的高低，直接关系到学生实践能力和创新能力培养的好坏。因此高校要加强实践教学师资队伍的建设，以适应新的实践教学体系要求。高校要抓好"双师型"实践教学师资培养工作，通过各种培训和培养途径，使教师既具备扎实的基础理论知识、较高的教学水平，又具有很强的专业实践能力。同时，高校要建立完善的考核体系，鼓励教师参加实践教学工作。

第三节 "互联网＋"背景下大学生创新创业支持体系构建

一、基本思路与原则

在信息时代，在"互联网＋"快速发展的今天，大学生创业遇到了许多困难，有资金方面的、有政策方面的、有技能方面的，还有服务方面的等。虽然一些高校开展了大学生创业培训，但是仅靠这些是不能很好地为大学生成功创业服务的，支持服务高等学校毕业生创业是一项系统的工程，需要一个完整、成熟的教育服务支持体系。我国尚未形成一个完整的创业支持体系，而在发达国家尤其是美国除了有先进的创业教育体系和完善的理论支持外，还有一套比较系统、完善的支持大学生创业的政策，为大学生创业提供了有力的保障。因此，我们可以借鉴发达国家的经验，结合我国大学生创业服务体系中存在的不足来完善创业支持体系。完善大学生创业体系是一个漫长艰辛的过程，绝不能为了求快、求方便而照搬、照抄国外先进的创业支持体系，而忽视我国的具体国情。我们应该本着实事求是的原则，吸收他国经验，在实践中不断完善大学生创业体系，以切实保障和落实大学生创业相关服务工作。

二、大学生创业支持体系的构建

应建立一个以家庭、社会、国家为基础的，适合中国国情，符合大学生当下要求的，较为全面的创业支持体系，以帮助大学生更好地认识创业的方方面面，帮助大学生克服在创业过程中所遇到的困难，全面支持、鼓励大学生充分发挥自己的主观能动性、创新思想、突破自我、积极创业，为展现我国大学生自身的真正价值、促进我国经济快速腾飞而努力。

（一）构建完善的创业政策支持体系

我国自改革开放以来，经济增长速度保持在 10%左右。在这样良好的经济环境中，存在着潜在的、巨大的创业机会。然而，我国现行的市场经济体制仍然有许多不完善的地方。大学生创业如果一味地像美国一样靠市场去主导，那么初出茅庐的大学生企业势必会举步维艰，从而将影响大学生再创业和其他大学生创业的信心和积极性，我国政府和社会组织应该从各个方面制定一系列政策和措施来鼓励大学生创业、方便大学生创业、保证大学生创业，使大学生企业今后真正成为我国经济前进的重要力量。

1. 创业鼓励

政府、高校和社会组织在制定各项政策鼓励大学生创业的同时，要让尽量多的大学生了解和知道这些政策的存在。以前的情况往往是政策虽在，但无人知晓，有些大学生会因此放弃创业的念头。社会各界应该通过各种媒介深入宣传鼓励大学生创业的基本政策和措施，让广大有潜在创业想法的大学生通过了解这些鼓励政策来产生心灵上的共鸣，从而将创业理念转化成创业现实。同时，要深入报道大学生创业成功的典型案例，树立创业者在大学生心中的典型形象，建立一个十分轻松、友好的创业氛围。社会各界也应该加强合作，开展一些适合大学生创业的社会活动，给广大学生一些创业奖励，增强他们的创业积极性。

2. 税费减免

政府和社会各界要方便大学生创业，就要在税费上下功夫，简化大学生创办企业和企业运营中的各项程序，减免相应的行政管理费用，减轻大学生企业的负担，同时在各项税收中给予大学生企业更高比例的优惠。

3. 技术支持

大学生企业在创办后很可能会遇到一些核心的技术问题而阻碍其进一步发展，这时候政府需要制定相关的法律法规保证大学生企业核心技术的获得，特别是要求国有企业和知名企业在条件允许的范围内尽量和大学生企业进行技术交流，在技术层面给予大学生企业一定的援助。而高校的科研力量也可以成为帮助大学生企业改良技术的有力平台，像日本经济产业省那样将高校老师和同学的科研成果转化成产品，同时大学生企业在产品获利后可以反哺学校的科研力量，进一步促进高校的科研水平，从而形成一个教学—科研—产出的良性循环。

4. 项目支持

大学生企业在创办之初尽管有好的发展前景和运营模式，然而如果没有好的项目，不能盈利，那么仍然不能长久地生存发展。大学生刚刚毕业，必然没有足够的关系网和社会网，市场渠道的不畅也会导致大学生创业的失败。政府和社会组织应该正确、合理、积极地引导，分配一定比例的政府采购项目和社会采购项目给大学生企业，帮助其顺利拿到订单和合同。

（二）构建完备的创业教育支持体系

高校作为大学生创业前期理论学习的基地，对于培育大学生相关的专业理论知识、创业基本技能以及大学生的艰苦奋斗、持之以恒、敢于创新的企业家冒险精神有着十分重要的作用。尽管我国政府相关部门对高校的创业教育十分重视，1999 年 1 月教育部就颁布了《面向 21 世纪教育振兴行动计划》来构想适合我国国情的高校创业教育，并且教育部高教司于 2004 年确定了清华大学、中国人民大学、武汉大学等全国 9 所高校作为创业教育的试点学校来真正实施我国的创业教育，然而由于各方面的原因，这些举措都没有很好地执行和推广下去，导致我国大学生创业积极性不高，创业理论知识储备不够，创业者基本素质没有得到很好的锻炼。创业教育是成功创业的重要因素，有必要大力开展创业教育，为大学生创业奠定理论基础。

1. 纳入学分

高校要把创业教育纳入学分体制，使创业教育成为如同专业课一样的必修课，使尽最多的大学生接触到高校的创业教育。对创业教育任务进行评估也会使高校的创业教育更加灵活丰富。各种创业技能、创业培训和创业活动的开展都将是大学生拿到学分毕业的必要环节。将创业教育纳入学分是高校进行创业教育的有效前提，有利于创业教育的普及。

2. 课程设置

在成功将学生拉到创业课堂里后，如何让参加创业相关课程的大学生保持兴趣、积极投入从而能够真正掌握相关的创业理论、创业想法就成了高校创业课程设置所要关注的问题。课程设置的核心问题一方面是在各个高校的各个特色专业和相关专业开设渗透性的创业课程，使类似于化工、机械、生物等理工科的专业和法律、文史、会计等文科性的专业都有可以创业的切入点，并能够有机地结合文理专业，使学生和老师能够充分地交流，产生全面特别的创业理念；另一方面考虑到在调查问卷中绝大多数大学生更在意的是创业相关课程的内容和形式，可以摒弃以前传统应试教育中老师讲课、学生听课的死板模式，借鉴如美国百森商学院的圆桌会议、麻省理工学院的创业课程试验、斯坦福大学的模拟商业谈判等创业课程形式，使学生充分地了解和模拟今后的创业流程，并在此过程中结合灌输相关的创业知识，使学生在模拟试验中自觉地克服创业困难，培养冒险精神和创业品质。这不仅使高校的创业相关课程更加灵活、生动、有趣，也起到了培育大学生创业者素质的作用。

3. 创业竞赛

美国百森商学院和德州大学奥斯汀分校最早于 1984 年在高校内开展创业计划大赛，后来美国的多所高校如纽约大学、斯坦福大学、芝加哥大学等都开展了相应的创业计划大赛,来鼓励大学生创业。我国清华大学于 1998 年开展"清华大学创业计划大赛",之后的"挑战杯""求实杯"等多项创业大赛也相继开展,并取得了一系列成果。

(三)构建强有力的创业资金支持体系

企业的创建、运营、维系都需要资金的注入,良好的资金链状况对于一个企业正常健康的发展有着相当大的作用。资金困难是大学生创业的第二大难题,只有有效地通过各种渠道来引入资金,才能支持大学生将创业构想转化成创业成果。因此,建立和完善以家庭、学校、政府、社会为基础的资金支持体系对于大学生创业有着极其深远和实质性的影响。

1. 家庭支持

从对大学生创业基本状况的调查来看,超过 70%的大学生的创业原始积累,也就是我们常说的"第一桶金"是来自于家庭、亲戚、朋友。这一方面说明在现行的金融市场上,想要通过商业信贷来支持创业还十分困难;另一方面也说明相关的法律法规和优惠大学生创业的资金政策还不完善,亟待出台。家庭资金支持除了指大学生的现有资金和通过亲戚朋友的帮忙所获得的资金和物资外,还包括家庭对于大学生创业的精神支持。精神支持是指家庭成员赞同大学生的创业行为,能够减轻大学生毕业后对其成家立业、赡养父母等经济负担的精神压力,能够容忍创业所抛弃的机会成本和创业失败的损失,相当于减轻了大学生创业负债的压力。这两方面的结合对于大学生创业初期生理和心理的压力有极大的缓解作用。

2. 学校支持

高校的资金支持可以有效地降低大学生创业的时间成本,缩短创业周期,使大学生在高校内专心于理论知识的学习、创业技能和创业品质的培养以及创业计划和创业构想的实施。高校的资金支持可以从三个方面去实施完成:一是将科研成果商业化;二是举办高品质的创业竞赛进行创业奖励;三是直接设立创业种子基金。我国很多大学也相继设立了创业基金,这都使其成为创业教育和创业支持工作的示范学校,有力地支持了大学生创业。

3. 政府支持

大学生在创业初期遇到困难时最希望得到高校和政府的援助。政府对大学生创业的资金支持可以从以下几个方面入手:第一,相应的资金政策。除了对大学生创业减免相关的税费之外,降低大学生创业的门槛、提供相应的资金政策也是很好地减轻其创业负担的办法。第二,银行贷款。政府可以硬性规定国有商业银行设定一定比例的商业贷款给大学生企业,贷款利率在各地做相应的调整,同时建立适合的担保预约制度,保证大学生可以相对容易地进行融资。第三,政府设立创业基金。政府可以设立创业投资基金,为大学生提供风险投资,帮助创业者提高企业竞争力。

4. 社会支持

社会的资金支持主要是指通过市场上的一些民间组织和市场力量来帮助大学生企业融资，这是对大学生创业融资的一个补充。整合各方力量，对大学生企业进行融资援助，具体有以下三个方面内容。第一，我国的民间非营利组织（NPO）可以联合一些专门的机构投资者对项目较好的大学生企业进行风险投资，这也是国外比较常见的一种投资方式，尽管是带有股权性质的投资，但机构投资者会在咨询、财税等各方面对大学生企业进行援助，这也是本章比较推荐的融资模式，增强了大学生企业的存活率。第二，我国民间非营利组织可以组织一些企业来投资与其发展方向相关的大学生企业，作为加盟公司、旗下公司、技术联合等，这将对双方的发展起到积极、正面、双赢的效果。第三，民间非营利组织直接资金援助或者直接贷款，但是可能由于资金数量小、利率高，所以贷款的大学生需要反复斟酌，有一定的局限性。

（四）构建完善的创业服务支持体系

助力大学生创业获得成功需建立一套完整的服务支持体系，这为大学生创业起到润滑剂的作用。

1. 创业基地

大学生在获得了创业资金、创业项目之后，往往需要一个固定的办公场地进行日常的管理办公、生产办公、科研开发办公等，而创业基地，有时候我们也称"孵化基地""孵化园"，就能够满足大学生这样的需求。这种创业基地往往固定建在大学校园或经济产业园中，在起到很好的作用之后，需要将自己的创业构想转化为创业产品并在市场上销售，如果不能将创业构想进行盈利化、市场化，那么大学生创业的失败则不可避免。由于缺乏市场经验和营销渠道，大学生创业需要政府、高校、社会的市场导向支持，除了在政策支持中提到的政府要拿出一定数量的政府采购合同给大学生企业，帮助其拿到订单外，还需要广大的社会力量将大学生企业所在领域的相关信息进行资源共享，最大程度降低信息不对称的程度。大学生创业者要在政府、高校、市场的引导下更好地了解自己从事的相关行业信息，确认自己的客户资源，完成市场细分，对自己核心的领域做到有的放矢，成功创业。

2. 管理服务

创业支持体系不仅要让大学生企业成功地建立，更重要的是如何让大学生企业健康成长，不断壮大。管理服务水平的高低将直接影响大学生企业的后期存活率和发展状况，本文也从以下三个方面进行概括：第一，在创业基地、大学创业园等设立专门的管理服务部门，对大学生企业所遇到的法律、财税、会计等相关的企业基础常识提供咨询与援助，使大学生企业尽量少走弯路。第二，内部管理，要让大学生创业者了解企业的产权结构和现行的企业组织结构，在合理的分配和设计下，能够让企业避免产生一些不必要的纠纷和问题，从而让企业在创办后能够较为良好地运转。第三，对大学生企业的相关人员进行再培训。培训的内容不再是创业的相关问题，而是关于行业内的基本同题，包括在企业内任职不同的员工应该承担哪些相应的权利和责任并具备怎样的素质和能力，努力提升企业的核心竞争力，使大学生企业能够尽快做大做强，创业集群辐射效应使创业的大学生都在这个孵化基地进行创业，相互交流，提高了大学生企业的存活率。

三、"互联网＋"背景下大学生创业支持体系的对策建议

这些年来，从中央到地方，政府对大学生就业创业给予了高度关注，纷纷出台了各种措施鼓励和引导大学生就业或创业。这也是一项民生工程，关乎千家万户，关系到每个毕业生家庭的幸福，关系到社会的和谐稳定。随着政策效应的产生，大学生创业的热情不断高涨，这为政府、高校和社会完善和实践大学生创业支持体系提供了实践平台。

（一）"互联网＋"背景下创业形势分析

互联网能使创业成为一种生活方式，让创业教育成为一种思维，具有开发性、包容性，利用互联网技术平台可以实现不受时间、空间约束的立体式教育。

1. 政府政策制度体系的支持

随着社会经济的发展，国家越来越重视创业和创新，正在加快改革科技成果产权制度、收益分配制度和转化机制，让科研人员取得更多股权期权等合法权益，更好体现知识和创造的价值；不断简化创业行政审批手续，降低创业门槛，提高对创业和创新的扶持力度；大力破除技术壁垒、行政垄断的藩篱，创造公平竞争的市场和法治环境，构建支持创业和创新的制度体系。

2. 经济发展的内在需求

大众创业、万众创新是经济增长的新引擎。当前，我国经济从高速增长阶段进入中高速阶段。传统依靠丰富廉价的劳动力发展经济的方式已经无以为继，经济增长动力不足是经济发展最为核心的问题，必须要为经济找到新的引擎。随着经济向形态更高级、分工更复杂、结构更合理的新常态过渡，增长驱动力必须由要素驱动、投资驱动向创新驱动，这既是经济发展的阶段性特征，也是现实选择。

3. 全民创业的文化环境

受过高等教育的年轻人正在成为社会劳动的主力军。他们思想上更开放，更具有国际化的视野，也深受互联网的影响，创新创业文化已经深入到他们每一个人的内心深处，创客文化成为年轻人中流行的文化。随着国家的鼓励和推动，全民创业的文化

氛围正愈发浓厚。

4. 个人价值实现的重要方式

创业创新为每个人提供了一个以勤劳致富、实现梦想的公平机会，创业创新正在成为实现个人价值的重要方式。

（二）"互联网+"背景下大学生创业方向建议

1. 利用电子商务线上创业

"互联网+"为大学生创业提供了巨大的、方便的平台，大学生可利用网络平台创业大学生开店，一方面可充分利用高校的学生顾客资源；另一方面，由于熟悉同龄人的消费习惯，因此入门较为容易。

2. 利用网络技术、技能创业

大学生群体中不乏网络高手，其身处科技前沿，有近水楼台先得月的优势，百度、网易、腾讯等大学生创业企业的成功，就是得益于创业者的网络和技术优势。有意在这方面创业的大学生可积极参加一些创业大赛，获得更多的机会，以便吸引风险投资和慈善投资的关注，包括软件编程、网络服务等。

3. 利用互联网进行在线智力服务

在智力服务领域创业，大学生游刃有余，智力是大学生创业最丰厚的资本。智力服务创业项目门槛较低，投资较少，比如家教、程序检测、设计、翻译等，一张桌子、一台电脑就可以开业。

4. 连锁加盟领域

据调查，在相同的经营领域中，个人创业的成功率低于 20%，而加盟创业的成功率则高达 80%。对创业资源十分有限的大学生来说，借助连锁加盟的品牌、技术、营销、设备优势，可以以较少的投资、较低的门槛实现自主创业。比如快餐业、家政服务、校园超市、数码快印等。

（三）"互联网+"背景下大学生创业支持体系对策建议

大学生创业的培育和引导是一个长期的过程，除需要政府、社会等各个方面的共同努力外，更需要充分利用当下互联网经济发展势头，以"互联网+"思维促进大学生成功创业。

1. 以"互联网+"为载体构建高校创业教育体系

一是利用"互联网+"技术构建适合各区域的创业教育课程体系。创业教育课程是创业教育理念的主要载体和实现创业教育目标的重要手段，是创业教育实施的主要途径之一。需根据高校所在区域学生的特点和需要，利用"互联网+"技术构建立体式、全天候、高覆盖的自助课程体系，如开发专门的创业教育网站，网站涵盖创业经典故事、创业网络课堂等；制作"碎片式"手机软件（App）移动创业课堂，给予一定的流量补贴，鼓励学生随时随地学习创业课程；建立校方创业微信群，让创业者有问题随时得到解答等。

二是基于"互联网＋"技术构建高校创业教育实践体系。创业是一种实践性强的活动，要利用"互联网＋"技术设置一系列创业实践活动，改变传统的实践方式。如构建线上线下创业实践平台体验、网上模拟创业；校方可利用"互联网＋"技术建立网上大学生创业园，组建虚拟学生创业公司，线上线下实战经营；建立远程创业视频系统，与创业教育专家和创业成功人士互动交流，创业实践活动要突出"创造性、实践性"特色。

三是以"互联网＋"技术为支撑建立高校创业教育评价体系。创业综合素质、创业能力的提高、创业学生的数量等指标不能全面反映创业教育实际的状况，为更好地确定创业教育实施情况和最终效果，需利用"互联网＋"技术建立以创业率、创业成功率、创业教育影响力等因素为核心指标的创业教育评价体系；建立相关模型，用大数据分析法得出科学结论，以推进创业教育健康持续发展。

2. 强化学生创业教育和指导，培养大学生创业理念和创业能力

在传授专业知识的同时，应将创业教育纳入高等教育的课程体系，改革人才培养方案，使创业教育成为大学生的必修课程，进行系统的传授，培养大学生的创业意识和创业能力。在大学生实习阶段，对有创业意愿和创业能力的大学生，高校就业指导部门应及时将其推荐到大学生成功创业的企业或其他创业型企业中进行学习交流和实习实践，增加大学生对创业的感性认识，积累创业经验，增强创业自信。

3. 为大学生创业提供个性化扶持，提高首次创业成功率

政府部门在简化大学生创业审批程序，放宽对创业的注册资金和场所的限制，减免创业行政收费，落实税收优惠政策等基础上，结合大学生文化水平高、综合素质高、社会经验少的特点，引导其从事与所学专业或兴趣对口的创业项目，将个人兴趣、专业与创业方向结合起来。并成立由高校专业教师和创业企业家组成的"创业导师团队"对刚起步的大学生创业企业进行一对一的帮扶。

4. 大力开展创新创业竞赛活动

社会和科技部门应通过开展"大学生创业创意大赛"和"大学生创新创业分享沙龙"等活动，鼓励和引导大学生将创新创意转化为创业项目，营造大学生创业的良好氛围，并以此活动为契机，搭建大学生与创业伙伴及创业投资人的线下沟通交流平台。高校或相关政府部门应针对大学生缺乏社会经验、人脉资源、企业管理经验和销售渠道等情况，根据不同创业大学生的专业优势和性格特点，积极组织协调多个大学生进行共同创业，各司其职、优势互补。政府应开展创业实训、模拟运作和孵化培育等公共服务，并鼓励和引入民间和社会力量组织专门的创业指导机构，为创业者提供法律、投资和财会等专业服务。

5. 充分运用"互联网＋"新理念，打造大学生创新创业新模式

对大学生创业企业，特别是传统产业的企业，应充分运用"互联网＋"新理念，将传统企业与互联网完美融合，走信息化与工业化相融合的路子。对于大学生创立的小微科技企业，应充分利用互联网优势，为企业打造一个开放式创新平台，采取"众包"模式，汇聚全社会的创新力量，并以此为载体，为客户提供各类个性化的服务和体验，加快企业创新和个性化发展步伐。

6. 基于互联网技术搭建众创服务平台

政府应适应新型创业型孵化平台的特点，简化登记手续，对"众创空间"的房租、宽带网络、公共软件等给予适当补贴，尽量降低搭建平台的成本，让青年人特别是大学生的兴趣与爱好转化为各种创意。通过网上"创客联盟"、网下"众创空间"等平台将其汇聚起来，逐渐把孕育于移动互联、根植于创业草根、适用于创新创意的空间，打造成培育各类青年创新人才和创新团队的空间。在创意者、创新者、投资人之间实现信息对称、项目对接、资本对接的创新型创业孵化综合服务平台，努力把各种创新创意转变为现实，鼓励科技创业企业充分发挥网上"创客联盟"和网下"众创空间"平台的优势，集中开展技术难题攻关和创新创意研发，这样不仅能降低企业科研成本，而且有利于营造"万众创新"的社会氛围。

7. 积极搭上互联网经济发展势头，引导大学生开展电子商务创业

引导大学生开展电子商务创业，可以：开展大学生网上创业模拟实训，提高创业人员的操作能力；打造大学生电子商务创业实践基地；积极引导大学生电商企业进驻电商创业园，为大学生电商企业提供电商培训、电商企业孵化和运营的一体化服务；对大学生电商创业实行以奖代补，并对创业初期的小微电子企业实行社保补贴和场地租金补贴。

8. 加大资金扶持力度，创新创业融资形式

目前，我国高等学校毕业生创业的特点决定了毕业生们更需要风险投资，因为他们缺乏资金。我国的风险投资体系不够完善，信用制度很不健全，融资是高等学校毕业生必须要解决的问题，不然创业就无法进行下去。为此，政府应该主动牵头，搭建大学生创业的融资平台，为其融资创造有利的环境，建立大学生信用体系，加快和完善资本市场体系建设，为大学生创办的中小企业建立成熟的融资、投资体系。另外，政府可以对帮扶大学生创业的社会企业给予一定的奖励，引导社会力量支持大学生创业发展。

首先，各级政府应设立专门的大学生自主创业储备基金，重点资助本地区具有一定科技含量和良好发展前景的大学生创业项目。其次，政府可考虑将下岗失业人员小额担保贷款的申请对象扩大到创业的大学生，增加大学生创业扶持资金的来源渠道。再次，充分发挥"种子资金"的带动效应，由政府出少量资金，带动社会和民间资金，成立"大学生创业风险基金"，再由第三方专业机构对申请资金的创业项目进行风险评估，通过评估后的创业企业可获得基金支持。最后，政府和金融系统应支持大学生创业企业通过成熟的金融市场获得更多的资金，发展多种融资渠道，如以大学生申请的专利或其他知识产权来进行融资，为大学生创业提供更多资金支持。

在推进小额贷款公司时要明确小额贷款毕业创业贷款的比例；制定政策规定各商业银行对高校学生创业贷款计划单列，加强贴息贷款力度；建立中小企业信用担保体系，促进银行贷款向高校学生创业企业的倾斜；设立高等学校毕业生投资机制，形成大学生创业的助推器。

9. 整合社会创业政策，提高大学生创业的服务保障能力

梳理政府对社会各类群体的创业优惠政策，实现政策的普惠性，放宽对大学生创业的注册资金和场所的限制，落实税收优惠政策；加强大学生创业园建设，建立创业园人才信息库，提供园内创业大学生的信息交流平台；建立定期为创业企业提供与国外企业学习交流的机制，全方位、多层次地为大学生创业服务；依托大学生创业园和创业孵化基地，为有创业意向的大学生免费提供创业指导、创业培训、税费减免、小额贷款等"一条龙"服务，切实提高对大学生创业的服务保障能力。

10. 建设创业实践基地，激励和满足大学生创业需求

创业环境通常指的是围绕创业成长发展而变化的，并对企业实时产生影响的一切因素的总和。创业环境具有区域性，不同的地方的社会结构、经济发展水平不一样，给予的优惠帮扶措施也不一样，这些因素都将对创业企业产生重要影响。

大学生创业基地具有社会公益专业性质，政府应在资金和政策上给予支持。但从国家和目前一些地方财政的承付能力看，大学生创业基地不能完全依赖于政府的支持，创业基地要通过探索和开发满足市场需求的服务产品和服务方式，不断提高创业基地的自我生存能力和自我发展能力；要把承担政府政策性、公益性目标与基地的自主发展结合起来，积极寻求自主经营和可持续发展空间。

政府要加强大学生创业基地建设和高科技创业孵化器的建设；要建设专门的创业园，通过集聚效应降低大学生创业风险，提高其创业成功率，在大学生创业园区内建立完善的帮扶机制，引导社会力量和民间资本参与大学生创业；要通过孵化科技产品，加快项目转化，从而帮助大学生成功创业，促进大学生创业；要整合有限资源，有针对性地支持创业项目，形成规范的、科学的支持体系，从而为大学生创业搭建一个合理、公正的支持帮扶系统。

11. 提供完备的创业指导咨询服务

建立与完善中小企业社会化服务体系是《中华人民共和国中小企业促进法》的规定。中小企业社会化服务体系是以服务社会各类中小企业为宗旨、以营造良好的经营环境为目的，为中小企业的创立和发展提供多层次、全方位、网络化、社会化服务，

大学生创业支持体系就是这个网络的一部分。只有构建一个好的网络，才能够提供好的服务。

构建高校学生创业支持体系，一是要树立以人为本的服务理念，从大学生创业的实际需求出发，不断完善和创新服务内容。服务的重点包括：为有意创业的大学生提供创业咨询、创业指导与策划、创业培训等服务；为注册登记两年内的新创办的大学生创业企业提供财税、法律、劳保、外贸等代理服务以及政策与信息服务、管理咨询服务、技术服务、融资指导服务、人员培训服务等。二是鼓励各类服务机构多渠道征集、开发创业项目，建立"创业项目信息库"和"创业者信息档案库"，及时为大学生创业提供服务，帮助大学生掌握基本创业技巧，指导制定创业计划的规划创业项目，帮助其实现创业。通过多方面的指导帮助，采取多种形式来帮助大学生创业，构建合理的支持服务体系，使大学生能成功创业。

建立高素质的创业教育培训的辅导员队伍是创业教育服务支持工作的基础，各级政府和相关职能部门要把当地各行各业有经验的人组织起来，比如优秀的企业家、法律专家、管理咨询专家等，为高校学生创业服务；要创立创业辅导员选聘及管理制度，使其成为地方创业服务的重要力量。有条件的地区可以组织"专家咨询学生""创业服务志愿学生"深入实际开展高校学生创业服务。

12. 多措并举提升大学生创业能力

长期以来，由于传统的观念，大学毕业就是读研、就业、出国等，这样的培养模式束缚了广大学生的创业思想和行为，创业教育和培训严重缺乏。为此，对大学生进行创业教育培训势在必行。创业培训教育是激发和提高大学生创业能力的重要环节，家庭教育同样缺乏对大学生创业进行教育。因此，为培育大学生的创业精神和理念，使其树立一种创新意识，高等学校必须改变传统的教育模式、转变职业观念、加大创业教育的力度，不断根据变化的形势，实时设置创业教育课程，把创业教育纳入教学计划，形成一个完善的创业教育课程培养体系，使学生的创业能力和潜力充分得到发挥，形成良好的创业教育氛围，促成大学毕业生积极创业。学校应该设立有关创业教育的激励机制，把教师的积极性也充分调动起来，不断指导帮助大学生创业，建立一套合理的、有效的目标体系，保障创业教育的顺利进行。

大学生创业教育是多方面的，仅靠高校本身是远远不够的，还必须得到政府的大力支持、企业的鼎力相助。企业家可以走进校园为学生授课，讲授实战经验，对大学生创业进行指导。政府应整合有效资源，有针对性地帮助大学生创业。只有在全社会营造良好的创业支持氛围，从支持大学生创业中受益，才能真正建立起社会的支持体系，高校学生创业教育才能得到长足发展。

13. 为大学毕业生创业配备"师父"

大学毕业生刚创业，一个很重要的问题就是缺乏实践经验，给他们配备创业导师是十分必要的。导师是校外的有实战经验的企业家或职业经理人等，能够及时解决大学生创业过程中遇到的问题，使大学生少走弯路，这样能提高大学生创业成功率。具体措施包括举办拜师会、学校聘请相关项目的企业家、学生和导师相互了解、学生和导师双向选择，这样就可以加强对学生创业实践的针对性指导。

14. 建立挫折"发泄坊"

学校不仅要对创业成功的学生进行表彰、大力宣传，也要为创业受挫的学生营造包容、鼓励的良好氛围，这样学生才不会害怕创业，不会恐惧创业，会把创业当作一件平常的事情来做，这样压力就更小了，更有利于学生全心投入到创业项目中。只有这样，才会有越来越多的人加入到创业的大军中来。如举行创业经验座谈会、创业失败总结会，对创业失败者进行"把脉"，疏导其情绪、加强再培训等；建立创业受挫"发泄坊"让创业失败者在一定范围内充分释放情绪，然后再重新整装出发，改进不足，完善手段，继续创业的项目。

第五章　大学生创业教育的模式

当前高等学校的创新创业教育应是以创新意识培养为目的的总体性、系统性的教育教学改革工程，是素质教育时代特征的具体体现，是当代大学生素质教育的重要落脚点，是与专业教育、通识教育深度融合的当代高等教育的全新发展方向。创新意识培养是始终贯穿创业教育的本质要求。当代高等教育必须在内涵中注入创新创业元素，将以创新意识培养为目的的创业教育作为人才培养的重要模式，着力培养学生适应知识经济时代发展需求的创新意识、创业素质和创业文化，塑造学生独立的创新精神和创业人格，满足经济社会转型时期对高素质创新人才的需求，有力回应知识经济时代的历史召唤。

第一节　大学生创业教育模式概览

一、模式述评

在对创业和创新创业属性研究的基础上，让我们进一步考察创新创业教育模式。当前，较流行的模式主要有：素朴的创新创业教育模式、商学院创业教育模式、"广谱式"创新创业教育模式、"专业型"创新创业教育模式、创业型大学模式等几种。

（一）素朴的创新创业教育

国内创新创业教育研究的初级阶段，主要表现为举办和引进竞赛，本文称其为素朴的创新创业教育。1989 年，在国家教委的统筹下，清华大学等高校和全国学联、中国科协等单位联合发起举办了首届"挑战杯"大学生课外科技活动成果展览暨技术交流会。随着社会对创业的逐渐熟识以及国外创业教育不断被介绍到国内，20 世纪末，清华大学经济管理学院的青年学生又把美国创业计划竞赛引介到国内。1998 年，清华大学举行了中国最早的学生创业计划竞赛。1999 年，共青团中央、全国学联等单位主办，清华大学承办的首届"挑战杯"中国大学生创业计划竞赛成功举行。在这一阶段，竞赛成为了推动创新创业教育最为有力的动力。综观国内创新创业教育研究，基本上都会涉及"挑战杯"，在这一品牌下汇聚了创新竞赛和创业竞赛两个子品牌，并对其严格区分开来宣传引导。创新竞赛，是指课外科技创新成果方面的学科竞赛。创业计划竞赛采用风险投资模式，参赛者组成竞赛小组，围绕一个具有市场前景的产品或服务概念，以获得风险投资为目标，完成创业计划书。在设计竞赛的过程中，创新与创业从一开始就被分割开来，使得创新创业教育明显地先天不足，创新和创业成为了完全不相关的两件事情，导致了在后来的竞赛管理中存在着诸多问题，例如参赛人员直接使用老师的科研成果、创新竞赛成果直接用于创业竞赛等。但是，高校师生对创新创业的需求却已经有了萌芽，素朴创新训练和创业竞赛满足广大师生素朴的创新创业需求。之后，创新创业竞赛的发展逐渐有学科化、专业化的趋势，例如全国大学生智能汽车竞赛、全国大学生节能减排竞赛、机器人竞赛等，更加偏向于科技成果的转化应用问题，偏向于知识的资本化。

（二）商学院创业教育模式

商学院（管理学院）内部创业学科的发展，被称为专业模式或是聚焦模式。2004年，教育部在浙江大学设立了"创业管理"硕士点和博士点，在本科阶段设立"创业管理"方向并与国外多所专业院校建立了国际合作课程。同时，中国高校开始广泛引进国外创业教育项目，SYB（Start Your Business）、KAB（Know About Business）等创业教育项目和课程在中国的商学院里得到了推广。2009年，浙江大学与百森商学院等国际一流商学院联合创办了"全球创业管理"硕士研究生项目，在国内掀起了一股以商学院为主力军的创业教育潮。而学界对商学院模式的弊端已有较深刻的认识，其受经济学影响太深，照搬了商学院的教学方式，过于聚焦企业管理，该模式让商业计划成为了创业的代名词，并将之置于核心位置，削弱了非商业环境下创业的潜能，创业环境过多地集中在市场模式，教学设计集中在创业行为的培养，忽略了创业技能态度的培养等问题。高校很难接受这种以商业为主导的模式，需要对创业教育模式进行有效改进。从本质上来说，商学院模式不同于其他创新创业教育模式，不同之处在于它所传授的就是创业知识本身，即为了创业而学习创业。这种模式应该属于创业属性中的建构范围，这和创新创业教育传授创造性工作的宗旨是不一致的，对于创新创业教育而言应该是一种非典型模式。学者克兹也指出，创业教育在美国的商学院已经成熟，但在农业、工程、艺术、科学等为主要学科的学校中却在成长之中。真正的挑战是出现一个新的范式，将商学院已经发展了50余年的教育模式取而代之。

（三）创业型大学模式

"创业型大学"模式被认为是继教学型、研究型大学之后的第三种大学模式。创业是大学从知识的保存、传播和创造的基本功能之外，衍生出的第四种功能。亨利·埃兹科维茨认为，经常得到政府政策鼓励的大学及其组成人员对从知识中收获资金的兴趣日益增强，这种兴趣和愿望又加速模糊了学术机构与公司的界限。"创业型大学"的关键是建构了以知识资本化为中心的大学—企业—政府三螺旋关系，大学、企业和政府是平等的，在促进创新和产业进步的过程中，一切以需求为核心。这一模式具有大学高层管理者全力支持、自上而下推动的特征，广泛成立专门开展创业教育的机构、建立跨学科研究中心等特点，同时努力培养学生的创业行为、创业技能和创业态度，注重学生创业情感智力的发展。有学者对美国排名前 38 所大学的创业教育模式进行研究，发现有 74%的高校采用全校性创业教育模式，所以说，创业型大学模式正成为大学生创业教育的主要趋势。

国内有的学者将创业型大学作为创新创业教育的一种高级形式，这值得商榷。一方面，创业型大学所指的是大学治理、高等教育管理层面的问题，这是组织转型的问题，是教学型、研究型大学如何更好发展的问题；另一方面，创业型大学显然涉及创业教育，创业教育只是创业型大学的一部分或者说其中的一个显著特征，更直接地说创业教育已经融入了创业型大学。大学以知识换取资金，是古希腊智者学派的传统，收徒取酬，关注实际利益，在教授学生的过程中客观上推动了对国家社会、政治法律、人类社会形式和规则的认识。

目前就创业型大学是否是大学发展的一个确定性阶段有待商榷，同时，创业型大学在国内普及是否同样有效也待观察。因为国外创业型大学是建立在研究型大学基础上，而国内却并不如此，可以说是百花齐放、百家争鸣，各种层次类型的大学都在探索创业教育。从逻辑的可能性上来说，各种不同层次的大学需要不同类型的创业教育。

二、策略研究

国内创新创业教育发展经历了素朴的创新教育和创业教育、传统商学院组织模式、创业型大学组织模式等多个阶段、体系和模式，其内容从以商业计划为核心转向以创新创业能力培养为核心，教育对象从以商学专业学生为主，拓展到面向全体学生，教育特征从具有"广谱效应"的模式发展到专业化、技术化的创新创业教育模式。这对于宣传鼓动、营造氛围、形成文化起到了较为成功的作用。从创新创业教育模式的发展过程看，具有"广谱效应"的创新创业教育延伸发展了商学院模式，但未能真正实现知识资本化。"广谱效应"的创新创业教育实现了创新创业量的覆盖，急需解决的是质的提升。同时，国内大多数高校既难以达到创业型大学的要求，又要摆脱商学院的弊端已成为一大难题。这一系列问题所指向的就是构建适合当前教育水平的创新创业教育模式，以切实提高国内创新创业教育的效率和质量。

（一）明确高校创新创业教育的定位

"创业"这个概念，基本上是在日常语境中使用，因而，缺乏学术研究的严谨性，有泛化的倾向。这也说明创业的概念具有丰富的外延。这个概念不但很难讲清楚，而且一直在变化，用马克思的话说叫做"实践的概念"。几乎所有的学科都是根据自身热点问题进行研究，对创业稍加关注，很少有学科会主动去考虑创业的基础理论及自身的理论构架，甚至对创业的概念都没有严格按照形式逻辑中"定义＝种差＋属"的定义方法来界定，而是以较为随意的类比、列举、描述等方式来界定。这就使创业在高等教育中的运用成为了一件非常具有危险性的事情，因为传授给学生的"创业"，一方面是没有经过严密科学论证的，另一方面在实践中的可操作性一般化。所以，高校开展创新创业教育要进一步明确是开展具有探索属性的创新创业，而非一般性的商业贸易，要努力让师生从知识中获得掌握知识资本化的能力。

（二）确立知识资本化的核心地位

国内高校开展创业教育的目标或核心在于培养学生创新创业的能力、意识和精神等，其本质指向的是以学生为主体的教育，这无可厚非，但是光靠理念的指引，效果却并不好，这些理念都是完全正确的而且值得提倡的，但是在操作中却存在诸多困难，不能一针见血地指出创新创业教育的核心。高等教育所鼓励的创新创业教育，无论是一般性企业创建还是创新创业，盈利只是最基本的需要，知识资本化才是其核心需要。广泛开展创业技能、企业管理知识的培训，最大的弊端就是妨碍了教师和学生对知识资本化的认识，将学术研究、知识学习与创新创业作为了两件事情，从而削弱了高等教育服务经济社会发展的效率。高校的创新创业教育，要正确面对这一薄弱环节，努力确立知识资本化的核心地位，以此为核心建构创新创业教育的体系和模式。

（三）处理好知识资本化和非功利性的关系

以创业促进就业，是一个好的思路，但这似乎不应该是高校的主要工作，而是应该由政府推动。高校以此为目的普遍开展创业培训，过早地束缚了学生的思维和创新意识，引导学生更多地关注创业的建构属性，在一定程度上剥夺了其探索的勇气。更重要的是，创造性工作带有明确的非功利主义色彩，而一旦要让学生以盈利多寡作为创新创业的目标，那么很快其就会成为商业贸易的一分子。我国高等教育的根本任务是立德树人，这是近年来达成的共识。创新创业教育作为立德树人的重要组成部分，就要摒弃以创业促就业的功利思想，或是努力让学生通过创业成为百万、千万富翁的实用观点。开展创新创业教育并不是为了让学生成为功利主义的奴隶，而是培养大学生创新创业性的劳动精神，促使其能够全面发展。美国百森商学院的蒂蒙斯认为，学校的创业教育不是为了解决就业问题的培训，而是为未来几代人设定"创业遗传代码"，以造就最具革命性的创业一代。

（四）鼓励创新创业的草根精神

创新创业从本性上来看，具有非规划性、实用性不明确等特征。特别是创造性的工作不是一个可以分割的整体，不能通过灌输创业知识、培养创新精神和创业精神，就能使其具备了创造性工作的能力。我国大学生自主创业比例远低于发达国家创业成功率也较低，一方面说明创业的难度，甚至可以说风险很大；另一方面也说明当前创业教育的效果并不能达到国家和社会的需要。社会上涌现出来的草根创业英雄也说明草根精神的可贵，乔布斯在车库里创造出来的苹果公司、姚欣在学校读书时架构起来的 PPLive，马云的淘宝帝国等，都是草根出身，然而划时代的创新意识、敏锐的市场洞察、知识资本化的高明运作，促成了一桩桩商业史上的传奇。所以，必须建立相对宽松的创新创业教育环境和体制，鼓励学生从自身的专业、兴趣等方面开展主动性学习研究，充分保护学生的好奇心。

三、大学生创业教育模式的内涵

20 世纪 80 年代末，联合国教科文组织在面向 21 世纪国际教育发展趋势研讨会上，提出了"创业教育"这一新的教育概念。教科文组织指出：从广义上说，创业教育是为了培养具有开拓性的个人。

创业教育对于培养个人的首创和冒险精神、创业和独立工作的能力以及技术、社交、管理技能非常重要。教科文组织要求高等学校必须将创业技能和创业精神作为高等教育的基本目标，要求将它提高到与学术研究和职业教育同等重要的地位。

从本质上说，创业教育就是指培养学生创业意识、创业素质、创业技能的教育活动，即培养学生如何适应社会生存、提高能力以及进行自我创业的方法和途径。在大学生中开展创业教育，实际上是大学生素质教育、创新教育的一部分，是适应知识经济发展、拓宽学生就业门路和构建国家创新体系的长远大计，也是高等教育功能的扩展。

创业教育，就是以培养创业精神、创业意识、开发创业基本素质、提升创业综合能力为目的的教育。它是一种使人的素质不断提高、不断深化的终身教育，而不仅是一种专业技能教育。创业教育的核心是创新教育，它以发掘人的创造潜能、弘扬人的主体精神、促进人的个性和谐发展为宗旨。

创业教育是在 1989 年 11 月由联合国教科文组织在北京召开的"面向 21 世纪教育国际研讨会"上提出的。1991 年联合国教科文组织亚太地区办事处东京会议报告指出：创业教育，从广义上说是培养开创性个性，它对于拿薪水的人来说同样重要，因为用人机构或个人正越来越重视受雇者的首创精神、冒险精神、创业能力、独立工作能力以及技术、社交和管理技能。从狭义上说，创业教育旨在培养学生的创业意识、创业素质和创业能力，通过各种教育手段，不断提高学生的综合素质，以满足知识经济时代对大学生创业精神、创业能力的需求。

目前，我国高校的创业教育还处于起步发展阶段，其中一个值得高度关注的重要而又关键问题，就是现有的创业教育模式还不够完善，致使高校大学生创业教育的现实状况与大学生迫切的创业需求存在着较大的距离，这无疑给高校提出新的任务和要求，即需要努力构建大学生创业教育的新模式。

模式是一种问题的解决思路，它已经适用于一个实践环境，并且可以适用于其他实践环境。换言之，模式，其实就是解决某一类问题的方法论，即把解决某类问题的方法总结归纳到理论高度，体现出一定的应用形式或样式。基于这样的定义，我国高校大学生创业教育模式可以归纳出多个类别，比如研究型大学创业教育模式、教学型大学创业教育模式和服务型大学创业教育模式。又如可将创业教育模式划分为课堂式创业教育模式、实践式创业教育模式和综合式创业教育模式。由上可知，大学生创业教育的模式不是唯一的，而是多样的，每一所高校都应结合实际选择适合本校的创业教育模式。不管是哪一种创业教育模式，其构成都应该包括五个方面：实施目标、专门课程、训练项目、保障机制、内外环境。

四、高校大学生创业教育模式的现实特点

高校大学生创业教育模式是在现实应用中得以发挥作用的，随着创业理论研究的深入和创业教育实践的发展，将会出现多种多样的创业教育模式。尽管各个类型的模式呈现出多样性和层次性，但诸多创业教育模式仍具有一些共同的现实特点。

（一）导向性

创业教育的最高目标是为社会培养大量创业型人才，使其在社会各自工作岗位上发挥才能与潜能，成为社会经济发展、科技创新的推动力。这样的目标虽然好，但却是不符合实际的。而实际需要把握的是大学生创业教育的现实目标，重在培养大学生的创业精神、创业知识、创业意识，进而达到以"创业带动就业"的目的，这才是大学生创业教育的根本方向和追求。由此，如今在开展高校大学生创业教育过程中，要充分认识到模式的导向性，应将"创业带动就业"作为最基本的构建与实施要求。

（二）全面性

创业教育是面向高校所有大学生的，其本质就是素质教育。在各个类型的创业教

育模式中，对其所包含的内容都应力求全面而具体，不仅体现在世界观、人生观、价值观以及人生规划，而且还包括创新思维、创造力开发，以及创业原理、创业技能、经营实践等。在实际的内容安排上，大学生创业教育内容主要涉及四个方面：创业意识教育、创业知识学习、创新能力培养、创业实践活动。这四个方面的内容构成一个整体，缺一不可。

（三）实践性

创业教育与传统应试教育有很大区别，其更注重理论与实践的结合，没有实践的创业教育是空洞而粗浅的。无论是哪一种类型的创业教育模式，都必须强化理论知识学习与实践应用体验结合、课内安排与课外安排结合、校内教育与校外教育结合，突出创业实践训练环节。要注重引导学生强化实践意识，养成"学中做，做中学"的习惯，鼓励学生积极参与生动的创业实践活动，在实践中锻炼和提高自己。

（四）变化性

创业教育是在持续发展中不断推进的，其内容和形式不是固定不变的，而是动态变化的，进而创业教育模式也必然是发展变化的。这就要求大学生创业教育模式要不断吸取新思想和新技术，在师资、教材、项目、内容、方式等方面及时更新，进而得以改进与加强，使模式中的诸多因素能够适时优化，使之日趋完善，符合时代的需求，确保有效发挥其应有的内在功能。

（五）过程性

大学生创业教育的内容十分广泛，涉及管理学、创造学、心理学、社会学、经济学、法学等相关学科知识，既有理论教学又有实践训练，需要按计划、分学期逐步落实。因此，大学生创业教育模式的构建与实施应贯穿于大学教育的全过程，绝不是阶段性、片面性的应对与应付，要从大学生入学开始，按照年级分别确定可行的创业教育目标、教育内容，并选择相应的教育方式、方法，做到有计划、有内容、有实训、有标准、有考核。

（六）特色性

高校开展大学生创业教育不能千篇一律，切忌简单效仿。高校应当在现实中求创新、求突破，彰显自身的创业教育特色。从根本上来讲，形成创业教育特色主要体现在模式上面，这就意味着高校必须打破僵化的、单一的大学生创业教育模式，大力突出模式的个性化和多样性。可以断言，一所大学生创业教育开展得好，其创业教育模式必定是具有特色的，很大程度上特色决定成效。

第二节　大学生创业教育的发展模式

创业已经成为世界各国、各地区经济发展和科技进步的重要推动力量。中国工科高校如何进一步发挥自身的优势与特色，建立一个全程式的大学生创业教育的发展模式，是 21 世纪面临的一个重大战略课题。

在借鉴他人研究成果基础上，深入分析大学生创业教育的特点，提出"在全面工程教育背景下的创业教育"和"基于 CSSO 的大学全程创业教育"的新模式，构建创业精神培养、创业知识的传授、创业技能的训练、创业实践的辅导一条龙的创业教育机制，充分整合校内外各项资源，在组织建设、课程建设、理论研究、教育模式改革、实践基地建设、学术团队与师资队伍建设等领域加大创业教育力度，保障创业教育目标的全面实施。

一、全面深入分析大学生创业教育的现状

随着知识经济的发展和世界竞争的加剧，具有较高学历的创业者已然成为当今创业的主力军。随着各国就业问题的日益突出和创业热潮的涌现，越来越多的高校大学生开始走上创业之路。在西方发达国家，大学生创业相当普遍，在美国已高达 20%～23%，很多大学生从学校毕业后就直接走上创业之路。

中国作为联合国教科文组织"创业教育"项目的成员国，早在 1991 年就在基础教育阶段试点创业教育，在高等教育迅速发展的背景下，我国的高校毕业生人数从 20 世纪 90 年代的几十万增加到了 2023 年的 1 158 万。大学生就业问题不仅直接涉及学生的切身利益，牵动着千万家长的心，也是全社会共同关心的问题，它关系到社会稳定和高等教育的健康发展。由于创业活动具有就业倍增效应，一名大学生成功创业不但能解决自身就业问题，还可为社会提供更多就业岗位，因此支持大学生创业教育逐渐成为各级政府部门的共识。

必须看到，工科高校与其他高校在创业教育模式上是有一定差异的。综合性大学和文科大学主要关注学生创业精神和创业素养的提高，着重考虑完善大学生的知识结构和综合素质，强调夯实学生的基础知识和开阔学生的视野。大学因执着于工程教育，因而其重点关注大学生创业技能的培养，特别是如何利用工科学生的技术特长进行科技创业。随着创业教育的深化，很多高校认识到，只注重基础知识培养的创业教育和

依靠技术驱动的创业教育都是不完全的教育模式。完整的教育模式应当是创业素养和技术特长并重，既注重课堂学习又注重实践培养，鼓励学生亲自实践的教育，这也体现了全面工程教育的精髓。

二、进一步明晰了大学生创业教育的任务

近年，中国高校学生，特别是大学生的创业热情逐步高涨，涌现了大批成功的创业企业。本节从全面工程教育的视角出发，对中国大学生的创业教育模式进行探讨，提出新的大学生全程创业教育的四个培养目标和保障措施。

第一，培养掌握现代科学技术的大学生创业者，依托现代科学技术创办高科技企业，有助于科研产业化，提升创业水平和层次，最大程度地实现科技为经济发展服务。

第二，培养具有创业精神的大学生创业者，使受教育者在未来工作中具备开拓精神，追求卓越，能够在组织内不断开拓新事业。目前，传统的高等教育在培养目标上，存在着"知识性、专业性"的片面性，忽视人才素质的全面发展；过分强调"人才对现实社会环境的被动适应"，而忽略了学生个性的发展和创造性的培养，很少考虑学生充分发挥自己的主观能动性和创造性的潜能，不重视教育学生认清对社会环境主动适应和能动改造的重要意义。部分学生情愿待在家里等好运气也不愿接受企业一线的操作岗位，这正是缺乏创业教育的体现。因此，就业难等社会问题和大学生缺少创业精神有关。在就业竞争十分激烈的形势下，创业教育就是要学生做好就业意识、技能和心理方面的充分准备，增强离校后的社会适应性，具备自我发展的信心和能力，树立服务社会的职业理想和创业意识。

第三，培养能胜任创业企业管理的复合型人才。必须看到的是，并非所有的大学生都适合创业，想创业和实施创业之间是有差距的。工科高校的创业教育不仅要培养具备开创新企业的创业者，而且要培养胜任企业管理的复合型人才，使大学生具备将来从事职业所需的知识、技能和特质。当前高校的企业管理教育关注点在非创业企业管理上，更多关注成长性或是成熟企业。然而，创业企业管理与现有教科书的理论和案例存在很大差异。如何既兼顾企业创业问题，又兼顾创业企业管理，同时处理好现有企业管理教育的关系，就成为创业教育需要解决的问题。

第四，培养了解创业企业特点、能为创业企业提供服务的人才。大学生具备对创业企业"硬"技术的深入了解，但是缺乏"软"技术的支撑。这就为创业教育提出了新的目标，即培养了解创业企业特点，懂得创业企业运作流程和问题，能为创业企业提供服务的管理人才。

三、构建 CSSO 的大学创业教育思想体系

根据大学教育的特点以及对创业教育目标任务的认识，本节提出了"基于 CSSO 的全程创业教育新模式：

CSSO 就是由"构思（Conceive）—策划（Scheme）—模拟（Smiulate）—运作（Operate）"四个环节构成的全程创业教育新模式。其主要思想就是大力加强本科教学中创新创业理念的渗透，规范创业教育课程的教学与管理，积极建设创业教育第二专业和辅修模块，完善大学生创业教育的课程教学体系。

"构思"是指在创业教育课程的内容安排上，采用模块化结构，按照创业概论、创业者的个人素质、创业计划、创业融资、企业申办程序、创业管理和创业风险模块构成的教学体系，对企业、创业等职场元素进行分解和介绍，在教学方式上更加强调互动性和启发式、参与式教学。积极支持学生进行工厂调研实践，鼓励学生寻找和发现市场需要。大力完善创业培训班的组织机制，鼓励学生开展创业头脑风暴活动，大力组织创意文化和创意产业论坛，激发学生创意。

"策划"是指组织学生跨学科组成创业策划团队，依托学校化工学科科技成果，提供易于成果转化的新型化工产品和化工技术服务，通过市场调研、战略规划、财务分析等分析研究工作，独立撰写商业策划书。同时，组建由校内外创业教育专家学者和风险投资家构成的智囊队伍，全程指导创业团队的创业策划。每年组织校内创业计划竞赛，选拔优秀作品参加省市级和全国大学生创业计划竞赛。

"模拟"是指通过角色扮演、头脑风暴、商业模拟游戏、创业人物访谈、团体游戏、纸笔练习、小组项目完成、案例讨论等多样形式，使学生在开放、愉快的学习环境中，了解从产生商业想法、写出商业计划书、组建一个企业直到运营的企业发展、运作的基本过程。通过开展沙盘模拟经营大赛，让学生模拟一个企业若干年的经营运行，切身体会企业运营的过程与本质，对所学的复杂抽象的经营管理理论和创业知识产生更为直观的理解与体会，增强理论与实际的结合。创造条件，组织学生到新型化学化工企业开展企业考察、市场调研等工作，提高模拟阶段的实际成果。

"运作"是指充分整合各种社会资源，完善学校鼓励大学生创业的支持措施，鼓励和支持学生以团队为单位、在教师指导下到科技园从事创新和创业活动，营造拥有专业特色的公共服务环境，提供旨在让产学研一体化发展更有成效的系列服务，并最终实现创业孵化。

四、大学生创业教育的保证机制和保障措施

（一）提供大学生创业教育的有力保障

根据全程创业教育思想体系的要求，充分调动各方面的积极性，整合校内外资源，为创业教育提供强有力的组织保障。学校可成立由教学副校长和党委副书记担任组长的"创业教育示范区领导小组"，领导小组成员来自教学管理、科研、产业、高教研究、教学、国际合作与交流等多个部门。同时，设立"创业教育研究中心"全面负责实验区建设的具体工作。

（二）建立各职能部门的联动机制

在创业教育方面，由校决策会议达成共识，形成相应的制度和规范，保证了创业教育的联动机制顺利进行下去。

（三）建立各部门之间的协调机构

将传统的划块负责、由学院管理的创业教育资源，划归协调机构统一调配，由协调机构统一进行创业教育的规划、分析、实施和评估。

（四）宣传创业教育重要性与必要性

将创业教育的重要性和必要性在学校各部门、各学院的教师和员工中进行宣传和动员，有针对性地提高全校对创业教育的认识，以获得创业教育施行的最广泛支持，进而保证创业教育的顺利开展。

（五）完善创业教育的课程体系建设

在本科生中将《创业精神导论》进行全覆盖，可根据教学目的和对象的不同，设立创业精神普及教育系列、创业专门知识选修系列、创业辅导与实践系列、创业专业系列等四个系列课程的建设目标。

第一，组织力量对培养方案进行修订，将创业教育课程纳入培养方案，从教学运行机制上保证创业教育工作的顺利开展。第二，全面开展普及创业教育系列课程开发工作，根据培养方案要求，开设面向全体大一学生的必修课程《创业精神导论》。第三，开发创业专门知识选修系列课程。第四，可考虑创业专业系列课程建设，整合校内外资源开设"创业管理"第二专业。第五，进一步拓展创业辅导与实践系列活动。

（六）专兼结合加强师资队伍建设

在 CSSO 框架下，来自思政教师、经济管理教师、其他学科教师和社会兼职教师等四个方面的师资队伍在"构思—策划—模拟—运作"四个阶段扮演着不同的角色，

他们以"矩阵式"的方式参与到创业教育的全过程当中。

在构思阶段，主要由前三者参与，思政教师开展模块化的教学并负责学生心理层面的辅导，帮助学生正确认识自己的性格特点、特长爱好，此为基础构思创业方向；经济管理教师则从专业的角度教会学生发现市场机会、寻求创业渠道；其他学科的教师则在课程教育中渗透创业思想，并对涉及技术、学科方面的问题给予指导。在策划阶段，由思政教师和经济管理教师指导大学生跨学科组成创业策划团队，开展市场调研、战略规划、财务分析，独立撰写商业策划书。在模拟阶段，除了思政教师和经济管理教师之外，需要来自政府部门、企业等方面的社会兼职教师的参与，学生通过沙盘模拟等途径，模拟创业的整个过程，以此完善自己的创业计划。在运作阶段，需要所有师资力量的参与，指导学生在真实的市场环境下进行创业尝试，争取完成创业孵化。

对师资队伍的专业培训包括课程内容、授课方法、企业实践这三方面的培训。在创业教育课程内容培训方面，采取校内外资源相结合的方式。一方面利用校内已有资源对师资队伍进行系统培训，另一方面结合教育部每年举办的"创业教育骨干教师培训班"以及团中央致力推广的"KAB 创业教育培训"对参与创业教育的师资进行专业化训练。在创业教育授课方式的培训方面，则致力于普及创业教育的基本理念。CSSO全程教育模式主张建立与教学计划、教学方法和学生评估体系相协调的学习构架并辅以现代学习和实践的环境。强调在教学的过程中，通过课程教学、讲座沙龙、创业竞赛、案例实践、模拟创业等多种途径使学生真正全过程地参与其中，培养其创新精神与开拓意识。在创业教育的企业实践培训方面，学校应邀请政府部门管理人员、企业管理人员对创业、企业进行系统的讲解和分析，使创业教育者了解创业的实际流程和相关政策；同时组织创业教育者深入创业企业、创业园等地，实地了解企业运作的实践特点，以获得切身的感受。

（七）虚实结合开展创业模拟实践活动

模拟与运行是 CSSO 全程创业教育体系的两个重要环节。高等教育要充分利用各种资源，拓展一系列实践活动，保证这两个重要环节的落实。

1. 大学生创业计划大赛

"大学生创业计划大赛"是传统项目，实践表明，大学生创业计划大赛在营造创业氛围、传播创业知识、激发创业热情方面，是一项卓有成效的手段。在该活动的组织实施方面，已经积累了较为成熟的经验。

2. 创业训练营与创业实战赛

创业实战赛可激发大学生的创业激情，锻炼大学生的创业能力，让在校的大学生真实地走出校园、步入社会、锻炼自我、体验创业环境的优秀平台；也为大学生提供一次走出象牙塔的良机，让大学生真实地体验创业环境。大赛分为三大板块：创业策划、创业模拟、创业实战联动，不同板块各有所侧重。在创业策划板块，从报名的学生中选拔优秀学生参与举办的创业训练营，进行医疗培训、心理培训、法律培训、紧急情况处理培训；邀请名师名家和创业成功人事就创业相关专业知识、创业相关扶持政策以及创业成功案例分析等方面对参赛学生进行科学系统的培训，并给每个团队配备创业导师进行全程指导，在一周内完成实地创业策划书，筛选出优胜者进入创业模拟环节。在创业模拟板块，组织优胜学生进行创业策划书与计算机沙盘模拟，并邀请专业教授对创业策划书进行系统的指导与修改，再选拔晋级参加创业实战环节。

3. 创业见习活动

为进一步培养大学生创业精神，落实并促进创业带动就业的工作，学校应实施大学生"创业见习资助项目"为大学生搭建创业实践平台。学校每学期组织创业成长性明显的企业提供能了解和熟悉企业全面经营管理的见习岗位，面向诚信守法、品学兼优、能够按时完成学业、具有创新创业精神、勇于挑战自我的大三、大四本科生及在校研究生，由企业和大学生"双向选择"确定参与"创业见习资助项目"，创业见习期限一般在 4 个月左右，创业见习时间不少于 50 天。学校提供一定的见习补贴，并为每位同学购买一份人身意外伤害保险。

4. 大学生创业服务与辅导

创业教育研究中心与校产业处可以合作建立大学生创业服务中心。该中心一方面积极与各类创业投资基金合作，为大学生创业提供资金支持和各类咨询服务。另一方面创业教育研究中心建立专门的"创业实践基地"，为学生进行创业实践提供平台。

5. 创业社团建设

积极扶持和帮助创业协会和大学生创业俱乐部逐步成长与发展，指导他们通过开展头脑风暴、创业沙龙、创业讲座、创业实习等活动发现和团结创业型人才，借助沙盘和经营模拟软件开展创意实践和企业模拟运作。同时，学校聘请相关领域的专家、教授担任创业俱乐部的指导老师，帮助学生明确创业目标、撰写创业计划书，启动创业步伐。同时开设创业基金咨询研讨会，组织创业基金管理人员，为创业团队提供咨询。

第三节　大学生创业教育特色模式构建

一、高等学校的大学生创业教育必须有自身的特色

高等学校的大学生创业教育必须有自身的特色，包括特色教材、课程设置、教学方法、培养目标、管理模式、管理风格、教育教学组织运作形式、校园文化等。只有

构建富有自身特色的大学生创业教育模式，才能以特色求生存、以特色求发展。为适应国家实施科教兴国战略和人才强国战略的需要，落实中央"以创业带动就业"的决策部署和教育规划纲要精神，当前我国大学应深入贯彻落实科学发展观，围绕培养拔尖创新人才的目标，把创业教育纳入人才培养方案，形成"专业教育＋创业教育"的创业教育人才培养模式，探索构建全方位、立体化的创业教育模式，大力推进创业教育，切实做好大学生创业指导和服务，力求收到大学生自主创业工作成效。

第一，更新观念，升华认识，建立明确清晰的创业教育目标体系。一是认识创业教育内涵，建设创业教育文化。明确以人为本、追求质量、崇尚创新、强化能力的创业教育理念；在内容上坚持与专业教育、实践教育、学生理想信念教育、校园文化活动、学生管理、就业指导和服务相结合；在途径上推进创业教育全方位、立体化，探索具有示范作用的创业教育模式，建设鼓励探索、鼓励创新、允许失败、宽容失败的创业教育文化。学校师生都应形成这样的意识：创业是当代大学生应负起的时代责任，创业教育是素质教育的重要环节。二是强化学生创业意识，培养学生创业精神。开展主题教育活动，弘扬创业精神。如，在"创业从点滴做起"主题实践活动中，组织学生深入企事业单位并开展实践调研。三是修炼学生创业内功，提高创业能力。把创业教育融入专业教育，通过专业教育，培养学生具备基本的创业技能，同时大力推进创业教育，指导扶持一批学生创新创业团队，通过创办公司、组建创业工作室等实践训练，加强学生将知识转化为财富的能力。四是培育学生创业典型，发挥带动作用。

第二，扎实推进、锐意进取，探索富有成效的创业教育实施体系。一是规范创业培训，建设创业教育教学系统。根据人才培养目标，对课程体系进行整合优化，开设创业教育通识类、技能类、实训类课程。如，开设SYB培训课，成立SYB培训项目管理部，建设学员信息数据库和创业项目信息数据库；引进欧洲模拟公司创业实训技术，开办创业实训试验班，指导学生成立模拟公司。二是依托基地建设，建设创业教育实践系统。依托校内实验室、工作室、学科性公司及校外高新技术企业，与政府机构、社会企事业单位合作，建立创业依托基地、实践基地、模拟基地。三是搭建创业服务平台，建设创业教育服务系统。创建大学生创业综合性服务网站--大学生创业网；成立大学生创新创业素质培养学校，推进专业化的训练；建设大学生创业就业服务体系；建立大学生创业园，开展项目孵化等服务；启动学生创新创业项目资助等。

第三，优化机制，整合资源，构建坚强有力的创业教育保障体系。一是党政高度重视，形成制度保障。学校成立大学生创业教育领导小组，将创业教育纳入了学校培养方案，建立了评估和激励机制。二是成立组织机构，强化组织保障。学校成立学生创新创业指导中心，二级学院设立创业教育专员，学生班级设立创业教育委员，建立了创业教育校、院、班三级组织；学校建立了"大学生创业教育指导教师专家库"，组建创业课程教师、创业团队指导教师和创业导师队伍，保证创业教育多层次、多样化需要。三是增加经费投入，提供财力保障。把创业教育的经费列入学校预算，并不断增加对创业教育的投入。四是加大场地建设，完善物质保障。设立集创业培训、创业实践、网络服务和成果展示功能为一体的"大学生创新创业教育实践基地"。

党的十七大、十八大报告明确提出："实施扩大就业的发展战略，促进以创业带动就业"实现这一目标，既是建设创新型国家、促进社会全面协调发展的必然趋势，更是全面贯彻落实科学发展观，构建社会主义和谐社会的必然要求。为此，肩负人才培养任务的高等学校要更新教育理念，以培养创新型人才为第一要务，积极构建中国特色大学生创业教育模式，大力发展创业教育。

（一）创新我国大学生创业教育理念

教育理念是人们对教育及其实施过程的基本主张，通常表现为人们对有关教育的信念、价值及活动准则的认识。所谓大学生创业教育理念，就是高校在培养创业型人才中对创业教育信念、价值及活动准则所持的一种认识。在构建大学生创业教育模式时必须树立以下理念：一是创业教育既要针对大学生中的精英分子，更要考虑到所有在校大学生；二是创业教育既是为社会培养创业人才，以减轻大学生的就业压力，更重要的是为了使大学生成为社会经济发展、科技创新的推动力；三是创业教育不仅是大学自身的任务，更是全社会共同关注的社会问题，是一个复杂的系统工程；四是创业教育不是对现有的就业教育、择业教育的简单否定，而是对现行就业模式的深化与提升，是对就业教育与择业教育的辩证的否定；五是在构建创业教育模式时，必须坚持理论与实践相统一、共性与个性相统一，使大学生创业教育模式既符合高等教育的一般规律，也能体现各个高校办学的自身特色，既具有科学性，也具有可操作性。

（二）构建大学生创业教育特色模式

自 1947 年哈佛商学院率先开设新创企业管理课程以来，美国大学生创业教育获得了长足的发展，美国著名高校集中了创业教育模式的主要类型，包括以培养创业意识为主的百森商学院模式、以培养实际管理经验为主的哈佛大学模式、以培养系统的创业知识为主的斯坦福大学模式等。美国创业教育是创业实践蓬勃兴起的结果，同时创业教育研究也促进了其创业教育实践的发展。

当前，在学习和借鉴西方大学生创业教育经验和模式的基础上，我国大学生创业教育有了系统和长足的发展，各种模式在实践中不断完善，特色较为鲜明。目前我国大学生创业教育存在三种模式：一是强调创业教育"重在培养创业意识，构建知识结构，完善综合素质"，将第一课堂与第二课堂结合起来开展创业教育；二是以提高学生创业技能为侧重点，其特点是学校进行商业化运作，建立"大学生创业园"，教学生如何创业，并提供资金资助以及咨询服务；三是实施综合式的创业教育，一方面注重学生基本创新创业素质的培养，另一方面为学生提供创业所需资金和技术咨询。三种创业教育模式中，第一种模式重视创业意识和知识培养，轻创业实践活动；第二种模式重实践技能培育，轻创业意识灌输；第三种模式是我国今后大学生创业教育发展趋势。许多高校已经在课程设置中将创业理论列入必修课，有的院校在推广 SYB 课程，这使得越来越多的学生接收到创业意识和创业理论知识的教育。但必须承认，我国大学创业教育中创业实践环节相当薄弱，可供大学生创业实践的创业孵化基地或创业科技园的数量远远不能满足广大学生的需求。为推进大学生创业教育向深层次发展，必须把创业实践环节作为创业教育的重中之重，为学生提供充分的创业实践孵化条件。

（三）从具体操作层面构建适合国情的大学生创业教育普适模式

创业本身是一个鲜活的过程，因此创业教育的教学模式不能呆板僵化。创业教育过程主要由理论教学、案例教学和实践基地教学等基本教学环节构成。

1. 理论教学模式

创业理论教学的实质是学习创业。学习不仅是创业的第一阶段，而且也贯穿在创业实践的始终。通过学习创业理论，让学生了解创业的基本知识，了解创业的准备过程和程序，掌握创业的基本规律。在创业教育中，要注重指导学生有效地进行有关创业的体验，使学生获得创业的感性认识，从而激发学生的创业意识。通过邀请有关创业企业家、创业成功的校友开设创业讲座，介绍创业、立业、敬业的事迹，来增强学生的创业意识，鼓励学生将自己的专业技能和兴趣特长相结合，把创业作为自己未来的选择，实现人生价值。

2. 案例教学模式

采取案例教学的方式，可以增强创业教育的趣味性和针对性。进行案例教学，不仅要讲成功的案例，也要讲失败的案例，目的是让学生从经验中学习，将经验和教训上升到理性认识。通过案例教学，更有利于提高学生的学习兴趣，有意识的引导学生初步了解创业的机制，感受创业的环境，增强对创业的分析能力。

3. 实践基地教学模式

创业是实践性很强的活动，除了要进行理论学习，还必须通过创业的实践活动来强化创业意识、培育创业精神、消化创业理论、提高创业技能。创业教育实践基地的建设是创业教育的重要组成部分。创业教育的实践基地可分为两类。一是参观实习基地，学校可以联系各类公司，供学生参观实习，目的是感受创业，强化创业意识。二是模拟创业基地，通过模拟创业实践基地，为学生提供实战场所。高校在实施创业教育的过程中，要走校企联合的模式，高校可在企业创立学生创业实践基地，学校本身也可以利用自身的优势创办一些实体企业基地，为学生提供创业实战演习场所。根据学校专业设置情况，制定创业培养计划，鼓励广大同学在不影响学习的情况下利用周末及业余时间创立一些投资少、见效快、风险小的实体，让学生从中体会到创业的乐趣与艰辛。

（四）构建"三位一体"大学生创业教育模式

大学生就业是重大的民生问题。开展大学生自主创业教育、提升大学生自主创业能力，是大学生素质教育的重要组成部分，也是培养具有创新精神和创造能力的创新型人才的重要途径。

大学生创业教育，既包括理论知识的传授，也包括实践技能的培养。当前，我国大学生创业教育存在以下几方面问题。一是认识片面，缺乏对创业教育的深刻理解。与国外中小企业的兴起和发展以推动创业教育的繁荣不同，我国创业教育的原动力之一是解决就业问题。这样的目标设定使创业教育被简单地理解为如何引导学生创办企业，如何通过创业教育减轻就业压力。事实上，创业教育不仅仅是一种就业教育，更是创新高等教育人才培养模式的一个切入点。二是模式封闭，内容陈旧，方法途径单一。在教学模式上，大多数大学生创业教育局限在校内和课堂，搞统一的教学计划，忽视学生的个性特点，显得较为陈旧、封闭；在教学内容上，以专业为中心，以行业为目标，专业面偏窄，知识结构单一；在教学方法上，创业教育偏重理论性、知识性的传授，较少开展实践活动。三是力量不足，缺乏专业的创业教育师资队伍。还未形成专业化、正规化的创业教育师资队伍，有的教师在进行案例分析、操作练习时不免纸上谈兵，既有先进教育理念又有丰富实践经验的"学者型企业家"或"企业家型学者"非常缺乏。

面对大学生创业教育存在的问题，应努力构建"创业教育＋模拟实训＋创业实践"的"三位一体"创业教育模式。这种教育模式强调以创业教育为基础，以创业运筹、创业营销战略等为主要内容，通过创业理论课程教学，使学生积累创业所需的知识；以模拟实训为实践教学的主要手段，帮助学生了解创业过程；让学生在学校创业园开办企业，或在创业园实习，使学生的创业能力真正得到提升。构建"三位一体"创业教育模式，需抓好以下几方面工作。

1. 大力营造创业文化氛围

创业文化是指敢于开创事业的思想意识以及相应的价值观念和鼓励创业的社会心理的总和。高校实施创业教育，应重视创业文化的培育，营造浓厚的创业文化氛围。

2. 深入开展创业教育理论研究，建设创业型师资队伍

深入开展创业教育理论研究，并注重对创业教育实践进行总结，形成一套较为成熟的理论体系来指导创业实践。重视师资队伍建设，鼓励支持教师通过创业体验，或通过定期参加创业组织、创业协会的活动以及同企业家交流创业经验，获取创业教育鲜活材料和信息，培养既有理论基础又有实践经验的创业教育师资队伍。

3. 加强实践环节，建立校企联合模式

高校开展创业教育，应该建立校企联合模式。可以通过产、学、研结合的方式，建立学生创业实践基地，强化实践教学环节；也可以通过校办产业、研究所、科技开发公司等途径筹集资金，建立创业基金会、创业协会等组织机构，为学生提供创业实践场所。

4. 形成坚实的创业实践组织保障

高校领导和教务、学生管理等相关部门组成创业组织指导机构，负责大学生创业活动的组织管理；建立创业活动固定场所，可在校园建立一定规模的大学生创业孵化中心或创业园；出台鼓励政策，如建立大学生科技创业基金，为创业团队提供创业资助并减免场租、水电、通讯等费用，扶持大学生创业团队开展创业实践。

（五）"双平台、双层次"大学生创业教育培养模式的科学构建及运行

在众多的高校大学生创业教育培养模式中，一种体现大学生特性、发挥大学生创新能力、更注重大学生创业意识培养的"双平台、双层次"创业教育培养模式，在实践探索中不断成熟和完善起来。在此模式下，针对不同教学对象的分层教育理念也得到良好的体现。该模式对丰富高校大学生创业教育培养模式的实践具有一定价值。

2010 年 5 月 5 日，教育部出台了《关于大力推进高等学校创新创业教育和大学生自主创业工作的意见》，要求高等学校要高度重视创新创业教育工作。目前，各大高校积极开展创新创业教育，鼓励大学生自主创业。但是大家都处在一个探索的过程当中，没有固定的创业教育培养模式可以依循。经过深入的研究和广泛扎实的实践探索，提出了"双平台、双层次"的创业教育培养模式，力求为广大高等学校开展大学生创业教育提供一定的借鉴。

1. "双平台、双层次"创业教育培养模式的科学构建

"双平台、双层次"创业教育培养模式是基于大学生作为创业教育对象这一特殊性提出的。高校大学生创业教育与社会上的创业教育有所不同。大学生创业教育目的不是为了快速培养一名企业家，因此，大学生创业教育不能功利化，也不能形式化，而是应当让学生在接受创业教育的进程中去实现自我教育，在接收创业信息，继承创新精神的同时，锻炼自身的创业素养，凝练创新能力。为此，我们提出了涵盖广大学生而非只针对个别学生的、科学的、具有层次性的大学生创业教育培养模式。

"双平台、双层次"创业教育培养模式利用两大创业教育平台，针对大学生的不同阶段，有重点、有目的、有层次地进行创业教育。双平台由"三个课堂联动的教学平台"和"三类实践互促的实践平台"构成。教学平台主要侧重于培养大学生的创业精神、创业观念、创业意识，比较偏重模拟教学。

实践平台则更加侧重培养学生的创业实践能力，以培养真正的创业者。"双层次"

教育则是按照学生的不同阶段，依托两大创业教育平台来具体开展对大学生的创业教育。

2."双平台、双层次"创业教育模式的实践

（1）双平台实践

1）构建"三个课堂"联动的教学平台

"三个课堂"是根据创业型人才培养的要求和获取知识与培养能力的规律来建设的。因此，大学生创业教育过程可以划分为三个部分，即第一课堂（创业理论课程）、第二课堂（创业活动课程）和第三课堂（创业实践课程）。这三个部分既相互分离，又相互联系，形成一个有机整体。

2）大学生创业教育"第一课堂"——创业理论课程

在大学生创业教育"第一课堂"当中，主要是采取理论课程教学的方式来对大学生进行创业教育，通过理论课程来培养大学生的创业意识，为大学生传授创业知识、培养大学生的创业技能。创业理论教育包含学科渗透、必修课和选修课三种形式。创业教育的学科渗透是把各学科的专业教育和创业教育有机结合起来，以学生自身专业为基础进行的创业教育。比如说，以文科教育为基础来进行创业意识的教育，以理科教育为基础来进行创业知识的教育，以技能教育为基础来进行创业技能的教育等。创业教育的必修课程是开展大学生创业教育的基础课程，要尽可能地让大学生都参与到该课程的学习中来。在必修课程当中可以开设创业意识课、创业常识课、职业指导课、创业技能课、公共关系课、经营管理课、法律知识课、市场营销课及各类专题报告，等等。例如，大学以 KAB、SYB、创业心理教育等课程为载体，对大学生进行创业课程教育。创业教育的选修课程则是学生根据自己的爱好、兴趣、特长以及不足等有选择地学习，来满足不同学生的发展需要，来弥补自身的缺点。

3）大学生创业教育"第二课堂"——创业活动课程

大学生创业教育"第二课堂"以培养学生的创造能力、获得创业经验为目的，让学生在创业活动中去感悟，去体会创业教育。活动课程主要包括开设创业论坛、举办专题讲座、举行创业计划竞赛、参观访问成功企业等。大学每年都可以开展"挑战杯"大学生课外科技作品竞赛、大学生科研创新计划、大学生创业计划竞赛、大学生程序设计大赛、机械设计大赛、数学建模大赛、创业金点子大赛等活动项目。与此同时，逐渐发展形成了一系列精品讲座、论坛活动，主要包括"做人做事做学问"名家系列讲座、师生"讲述自己的故事"、政府和企事业单位领导主讲的"地方社会经济发展论坛""企业家论坛""百名优秀企业家、高级管理人才进大学"等。这些活动邀请来的一些成功企业家和著名人士给学生带来了各种各样的案例，能够让学生看到不一样的成功特质，对学生的直接影响很大，对大学生寻求适合自身的成才方式、探求人生发展机会都有很好的启迪意义。

4）大学生创业教育"第三课堂"——创业实践课程

创业实践课程不同于活动课程，它涉及直接的动手操作等诸多方面。在创业实践课程中，指导老师与学生组成一个团队，让学生通过模拟创业，亲身感受创业的流程及方式。指导老师也可通过实习的方式把学生分配到企业内部进行实战演练，将理论、实践结合起来，对学生的创业过程进行直接的指导。

（2）构建"三类实践"互促的实践平台

"三类实践"是指创业课程实验、创业基地实训和创业社会实战。创业课程实验以课程实验为主要内容，提高学生的创业理论水平；创业基地实训以扶持创业团队进行创业活动为主要内容，培养学生的创业实践能力；创业社会实战以政府、高校、企业相结合的创新活动为内容，为学生提供真正的创业机会，培养他们在商界的实战经验。

1）创业课程实验

创业课程实验是在课程教育的过程当中，模拟进行一些企业行为，让学生来模拟充当创业者，让学生从中体会创业需要哪些基本条件。课程实验可以利用 KAB、SYB 等创业教育课程为平台，通过角色模拟、沙盘演练、商业游戏等方式来完成。

2）创业基地实训

大学生创业教育具有一定的实践性。但是如果让大学生直接进入社会进行创业，不仅难度很大，而且创业风险也非常高，成功率也会相当小。

让大学生在创业基地的真实环境中开展创业实践，能够有效培养大学生的创业意识和提升创业能力。目前，我国许多高校创立了大学生创业孵化中心或大学生创业园等创业基地，为缺乏创业经验和办公场地的大学生创业者提供一段时期的孵化和政策扶持，为大学生创业搭建有效的平台，鼓励大学生进行创业实践，而不是仅仅停留在"纸上谈兵"的层面上。

3）创业社会实战

大学生的创业最终还是要回归社会。高校在大学生创业教育的后期，要探索一定的途径来帮助大学生进行创业社会实战，把一些优秀的创业项目引入社会。学校要为学生创业搭建一系列的平台，如：协助创业团队办理税务登记、工商注册，提供企业管理、法律咨询、专利申请、科技计划申报等服务。

创业中心还帮助成熟的创业团队联系地方创业基地，帮助做好入驻工作；组织校内外有关专家和管理咨询机构提供一系列的咨询服务和人员培训；同时还提供会议室、接待洽谈室、培训教室等公共设施服务；帮助学生创业团队进行宣传以获得社会的投资。创业指导中心定期对入驻基地的创业团队进行业绩管理与评价，安排学生的创业成果推介会，通过推介会将学生的成果推介到相关企业当中，或者帮助学生吸收资金实现自身的创业。

（3）双层次阐述

针对不同的教学对象，创业知识教育实施分层次教育，即"普及层创业教育＋提升层创业教育"相结合。"普及层创业教育＋提升层创业教育"方式，实际上是学校创业教育目标和理念的具体体现。

1）创业教育培养普及层

对全体大学生，采用普及型创业教育方式，以培养大学生的创业意识和创业精神为教学目标。在全校范围内开设创业教育的必修课和选修课，辅导学生进行创业计划的制订，举办一些创业类的讲座、论坛，邀请一些企业家来给学生普及创业知识，与学生分享创业经验。从大学一年级开始培养学生的创业精神和创业能力，并随着年级的升高加大这种教育力度。各大学的"大学生创新创业训练计划"是开展普及层创业教育的良好载体，使大学生创新创业教育四年不间断。普及层创业教育是面向全体学生的教育任务，是培养学生顽强的意志和实际动手的能力，使大学生在毕业的时候能够敢于面对激烈的就业竞争，以创业者的心态打工并使自己脱颖而出，在条件成熟的时候还能进行自主创业。在教育设计方面，要注重理论教学与实践教学的相互结合，专业课程与创业知识课程的相互渗透。

2）创业教育培养提升层

对在校期间有创业能力和创业条件的学生，采用提升层创业教育，以培养创业者为教学目标。要通过测评软件找出职业锚为创业型的学生，为他们提供一定的创业培训和创业支持，培养自主创业者。例如可采用"项目准入、全真管理、企业孵化、定期考核四级联动模块"创业指导模式，通过提供专业的创业教育，在学生创业过程当中提供创业基地和创业启动资金，积极推动大学生进行创业尝试，积极鼓励组建创业团队以培养创业者，定期对学生创办的公司进行考核评比。

提升层创业教育面向的是具有明显创业倾向且有家庭商业背景的学生，教育目标是培养学生的创业精神和创业能力，使他们成为自主创业者。在教育设计上，除了要让他们接受普及层创业教育外，还要开设一些直接与创业相关的知识性和技能性课程，让学生参与模拟并获得直接的创业经验。接受普及层创业教育后，通过一定的选拔方式选取具有明显创业倾向的学生进入提升层创业教育，以培养未来的创业者。

3."双平台、双层次"创业教育培养模式的保障机制

大学生创业教育是一项牵涉面广、环节诸多的系统工程。要有效推动"双平台、双层次"创业教育培养模式的可持续发展，还需要建立机制来保障模式的运行和促进模式的优化。

（1）课程保障体系

在"双平台、双层次"创业教育培养模式中，要针对大学生设计一套理论与实践相结合的创业教育课程体系，形成课程教学大纲，对他们进行创业观念、创业知识、

创业方法、创业技能等方面的教育和培养。在课程设计的时候应当考虑创业教育课程与其他各门学科课程相互配合、相互协调、相互支持，使大学生的创业意识和创业能力得到比较系统的提升，从而达到培养高素质创新人才的最佳效果。

（2）师资保障体系

高素质的师资队伍是推进大学生创业教育成功的保障。高校首先应当建立一系列激励教师和引导教师积极参与创业教育的文件和政策，形成大学生创业教育师资队伍培养机制，夯实学校创业教育体系的师资队伍基础。其次，安排创业教师走入企业、融入社会，将社会创业经验和创业实践的一手资料带回学校，使创业教育更加贴近实际。最后，还应当聘请政府部门、人事部门、工商部门、知名企业、相关学科领域的技术能手成为高校创业导师。

（3）硬件保障体系

由于创业教育具有很强的实践性，在教育过程中对实践场地、教学设备和教学设施等硬件设施的要求就比较高。在开展创业教育之前，要改善创业教育条件，保证创业教育和学生创业实践的顺利进行。学校要尽最大努力为创业教育增设新场地和新设备，不断提升创业教育的水平。

（4）经费保障体系

在大学生创业教育过程当中，资金是非常重要的一个环节。大学生创业教育是综合性很强的教育，在教师培训、场地环境、教学设施和实践环节上都同样需要一定的资金保障。高校应当盘活内部资源、积极争取外部资金，多渠道、多层面地解决创业教育经费保障问题，为学生创业教育提供资金支持。

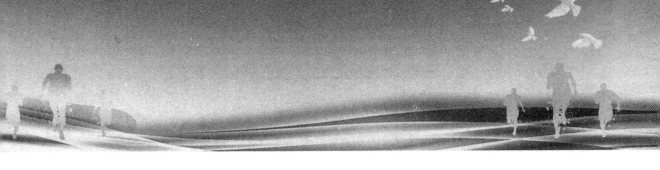

第六章 "创新创业+"人才培养模式构建

第一节 "创新创业+"人才培养模式概述

一、"创新创业+"人才培养模式内涵分析

"创新创业+"代表一种新的人才培养模式，是适应我国经济新常态下的一种教育模式改革的发展导向，是将创新创业理念深度融入传统的人才培养模式中的一种创新。"创新创业"作为核心概念，其内涵是以构建培养拔尖创新创业人才为指向的现代高等教育模式为目的，引导学校师生不断更新和升华教育观念，深化教育教学改革，将人才培养、科学研究、社会服务紧密结合，实现从注重知识传授向更加重视能力和素质培养的转变，强化对学生创新创业精神、创新创业意识和创新创业能力的培养，切实提高人才培养质量。"+"作为模式外延，即将创新创业与高等教育中各类专业的人才培养及专业建设相结合，以创新创业教育为导向，改革传统的专业人才培养模式，提升专业建设质量，以适应我国经济新常态下对人才培养的需求。

"创新创业+"的人才培养模式，其外延是无限延展的，是可推广、可复制的。该模式不仅适用于高职高专的专业人才培养模式，同样适用于综合型大学、研究型大学的专业、学科建设及人才培养模式的改革创新研究。简单地说，就是"创新创业+××专业=基于创新创业导向的专业人才培养模式"，当然其成效绝不是简单的相加。

二、"创新创业+"人才培养模式改革背景分析

习近平总书记强调："创新驱动实质上是人才驱动。为了加快形成一支规模宏大、富有创新精神、敢于承担风险的创新型人才队伍，要重点在用好、吸引、培养上下功

夫。"高校创新创业教育工作与稳增长、调结构、促改革、惠民生提出的新要求相比，还有很大差距，特别是在人才培养工作中的短板效应越发明显。因此，加强大学生创新创业教育，提高其创新精神、创业意识和创业能力，鼓励其开展创新创业实践，是学校服务于国家转变经济发展方式、建设创新型国家和人力资源强国的现实要求。"创新创业+"的创新人才培养模式正是基于这样的背景而提出的。

"创新创业+"人才培养模式是在理念论、思辨哲学和实用主义教育观的指导下，构建出的相对协调与完善的符合我国高等教育实际情况的创新创业理念体系，为在不同类型的高校、不同层次大学生中开展创新创业教育提供较为具体的认识定位与实践指导。理念是一个靠内在逻辑发展，其中包含着逻辑的起点和诸多的逻辑中介，最后形成的逻辑终点将起点与中介纳为自身有机组成部分的一个协调体系。高等教育的理念是对高等教育内在的本质规律、价值取向，外化的功能、目的和方法等一系列基本问题理论化、系统化的，具有相对稳定性和生长性的理论体系。高等教育的创新创业理念从属于高等教育的理念。因此，它将更为具体地揭示创新创业的诸多方面。

"创新创业+"为我国高校培养大批的创新创业型人才提供了较为具体的推进模型与行为方式，以促使我国高校的培养目标由知识型向创业型转变。人类的任何一种活动，都是目标引领性的活动。由于目标设定的层次、取向的不同，就使得行为主体要设计不同行为方式来达到不同层次的目标。创新创业的目标是一个体系、一种模式，由不同的创新创业板块的分目标所构成，其合力最终成就了创新创业的总目标：培养大批的创新创业型人才，为国民经济的活力与可持续发展提供源源不断的人力资源。"创新创业+"引导学校师生不断更新和升华教育观念，深化教育教学改革，将人才培养、科学研究、社会服务紧密结合，实现从注重知识传授向更加重视能力和素质培养的转变，强化对学生创新创业精神、创新创业意识和创新创业能力的培养，切实提高人才培养质量。

"创新创业+"解决了创新创业教育与专业教育"两张皮""互为孤岛"的问题。近年来国内一些高校在创新创业教育方面进行过一些有益的探索，但普遍存在未能将创新创业渗透到学校教育教学全过程的问题以及创新创业与专业教育严重脱节的现象。然而，创新创业教育同专业教育应当是有机融合的。首先，创新创业教育必须依赖专业教育，专业教育是高等教育承担的基本职责。脱离专业教育的创新创业教育只是舍本求末、缘木求鱼。其次，创新创业教育的实施，对专业教育的改革提出了新要求。高等学校应该将教育的触角从专业教育延伸至创新创业教育，实现创新创业教育与专业教育的有机融合。"创新创业+"实现了创新创业教育与专业教育由"两张皮"向有机融合的转变，充实素质教育的建设内容。

"创新创业+"具有较高的实践意义和价值，它适应了学生和社会多元化的需求。"创新创业+"满足学生多元化的需求，大学生是最具自主创新创业能力的社会群体，是创新型国家建设过程中最为积极活跃的因素，因此实施"创新创业＋"的人才培养模式，可以发挥大学生的创新创业素质，为其就业、创业提供直接的指导服务。同时还可以缓解社会就业压力，对于构建和谐社会、促进经济增长、建设创新型国家都起到积极作用。

三、"＋创新创业"与"创新创业＋"

近年来，大学生创新创业教育已成为高等教育领域的热门词汇，全国各地很多高校在健全创新创业教育组织体系、完善创新创业教育基础设施、开展创新创业教育教学与课外活动、加大创新创业资金支持等方面做出了诸多努力与探索，取得了一定的成绩。但整体来看，我们对创新创业教育的内涵和本质领会还不深、不透，大多游离在"＋创新创业"的层面，即在专业教育的基础上，加上一些创新创业的元素。然而，这样的创新创业教育效果并不佳。要么把技术含量低、对传统市场"经营—消费"关系进行机械式复制的生存型创业视为创新创业教育的成果；要么把创新简单理解为"科技创新"，忽略了思想创新与意识创新，认为创业是管理学科或工科应该做的事，与其他学科无关，而创新创业教育就是简单地开几门创业课，开展几场创新创业活动或者比赛，与专业教学无关，使创新创业教育游离于专业教育、知识教育之外。

而"创新创业＋"是立足创新创业教育核心内涵的一种新型人才培养模式。创新创业教育不是就业的"救命草"，不是挣钱的"孵化器"，也不是学生价值的"鉴别仪"，其本质是一种面向全体学生的、为其终身可持续发展奠定坚实基础的素质教育，不能简单地计算学生参加了多少创新创业活动、开展了多少科学研究、从事了多少创新或创业项目、获取了多少创业资金，或以这些指标作为衡量学生发展的参照物。其核心内涵应该是以构建培养拔尖创新创业人才为指向的现代高等教育模式为目的，引导学校师生不断更新和升华教育观念，深化教育教学改革，将人才培养、科学研究、社会服务紧密结合，实现从注重知识传授向更加重视能力和素质培养的转变，强化对学生创新创业精神、创新创业意识和创新创业能力的培养，切实提高人才培养质量。这便是"创新创业＋"的出发点和立足点。

四、"创新创业＋"的特征

（一）加强创新创业教育与专业教育的有机融合——培养理念

创新创业教育与专业教育是一个有机结合体，创造是一种思维方式，创业是一种生存方式，创新是一种发展能力，创优是一种精神品质。"创新创业＋"倡导先进的创新创业理念，努力实现创新创业与专业教育由"两张皮"向有机融合的转变，由注重知识传授向注重创新精神、创业意识和创新创业能力培养的转变，由单纯面向有创新创业意愿的学生向面向全体学生的转变，切实增强学生的创新精神、创业意识和创新创业能力，努力造就大众创业、万众创新的生力军，不断提高高等教育对稳增长、促改革、调结构、惠民生的贡献度。

（二）关注综合素质与"四创"能力的培养——培养目标

"创新创业+"作为一种新型人才培养模式，是一种以构建培养拔尖创新创业人才为指向的现代高等教育模式，它引导学校师生不断更新和升华教育观念，深化教育教学改革，将人才培养、科学研究、社会服务紧密结合，实现从注重知识传授向更加重视能力和素质培养的转变，强化对学生创造、创新、创业、创优"四创"能力的培养，切实提高人才培养质量。

（三）注重人才培养每个具体环节的渗透——培养过程

"创新创业+"是将学校的创新创业融入专业教育的每个过程中，在专业教育过程的每个环节中不断地提高创造、创新、创业、创优的"四创"能力。

（四）强化创新创业研究内容的跨界融合——研究基础

"创新创业+"是跨界融合，"+"就是跨界，就是变革，就是开放，就是融合。敢于跨界了，教育创新的基础就更坚实；融合协同了，教育过程智能才会实现，从创新创业教育到专业教育的路径才会更垂直。

（五）注重创新创业哲学思维的有力指导——理论背景

"创新创业+"是道，是用创新创业的哲学、创新创业的思维去指导高职教育或完善提升传统教育，培养符合现代行业需求的学生。

（六）坚持开放生态、解构重塑的模式创建——研究方向

关于"创新创业+"，生态是非常重要的特征，而生态的本身就是开放的。我们推进"创新创业+"，其中一个重要的方向就是要把过去制约教育创新的环节化解掉，以生为本，创新思维，重塑结构，开放心态，改变创新创业教育与专业教育的"两张皮""孤岛式"的现实状况。

（七）力求多方位、多层次、多维度的辐射——社会效应

"创新创业+"模式，其中"+"的方式是多种多样的，是多方位、多层次、多维度的，是力求对多学科、各专业创新创业教育的辐射与带动。其根本出发点是以创新创业作为学校教育的发展方向，让它具有带动性、开放性、包容性和战略性作用，为相关专业以及其他院校创新意识、创业能力扩容、升级、增值。

（八）完善人才培养模式与经济新常态的有机结合——时代要求

"创新创业＋" 是在"创新创业"内涵的基础上的人才培养模式的外延，是一种新的人才培养模式，是适应我国经济新常态下的一种教育模式改革的发展导向。新常态下，信息革命、全球化、互联网业已打破了原有的社会结构、经济结构、地缘结构、文化结构。产业不断变化，新业态不断出现，知识的需求也发生根本性变化，迫使教育也必须适应时代的改革。"＋"作为模式外延，即将创新创业与新常态下的人才培养及专业建设相结合，以创新创业为导向，改革传统的专业人才培养模式，提升专业建设质量，以适应我国经济新常态下对人才培养的需求。

五、"创新创业＋"人才培养模式构建

（一）"创新创业＋"人才培养模式构建

1. 国外有关人才培养模式的研究

（1）德国的双元制模式

德国双元制人才培养模式是德国职业教育的核心。所谓双元，是指职业培训要求参加培训的人员必须经过两个场所的培训。一元是指职业学校，其主要职能是**传授与职业有关的专业知识**；另一元是企业或公共事业单位等校外实训场所，其主要职能是让学生在企业里接受职业技能方面的专业培训。

德国双元制人才培养模式是企业（通常是私营的）与非全日制职业学校（通常是公立的）合作进行的职业教育模式。接受双元制的学生在学习过程中，学制一般为三年。第一学年主要进行职业基础教育，集中学习文化课和职业基础课，学生要从职业类别中（以经济、技术、社会工作或服务三个领域为主）选择并确定学习内容。第二学年转入所选定的职业领域进行专业实践训练。第三学年则向特定职业（专业）深化。这是一种将企业与学校、理论知识和实践技能结合起来，以培养既具有较强操作技能又具有所需专业理论知识和一些普通文化知识的技术工作者为目标的教育。德国双元制模式的本质在于，向年轻人提供职业培训，使其掌握职业能力，而不是简单地提供岗位培训；不仅注重基本从业能力、社会能力的培养，而且特别强调综合职业能力的培养，更加注重的是综合职业能力的培养。

德国双元制被看作是当今世界职业教育的一个典范。作为德国职业教育的主体，它为德国经济的发展培养了大批高素质的专业技术工人，被人们称为第二次世界大战后德国经济腾飞的秘密武器。

（2）澳大利亚的 TAFE 人才培养模式

TAFE 是技术与继续教育的英文缩写，产生于 20 世纪 70 年代，泛指职业教育的培

训和办学单位，是澳大利亚一种独特的职业教育培训体系。TAFE 由澳大利亚联邦政府和各个州政府共同投资兴建并进行管理，由澳大利亚联邦政府和所在州政府共同承担办学所需经费，其中 75%由州政府承担、25%由联邦政府承担。毕业后 100%就业是 TAFE 学院的教育理念和最终目标，形成了一种在国家框架体系下以产业为推动力量的，政府、行业与学校相结合的，以客户（学生）为中心进行灵活办学的，与中学和大学进行有效衔接的，相对独立、多层次的综合性职业教育培训体系。

该模式受北美和英国职业教育的影响，强调能力本位和资格证书，澳大利亚国家培训局制定全国统一的 TAFE 标准，推行国家能力标准体系，TAFE 每年提供上百种课程，这些课程以就业市场为导向，不只是理论的学习，更注重实践操作技能，使学生一毕业就能上岗就业。澳大利亚的 TAFE 模式是建立在终身教育理念基础上的技术与继续教育，作为澳大利亚职业与培训体系的重要组成部分，表现出了前所未有的活力，得到了世界各国越来越多的关注。

（3）美国、加拿大的 CBE 模式

以美国、加拿大为代表的能力本位教育培养模式（CBE），产生于第二次世界大战后。能力本位教育中的"能力"是指一种综合的职业能力，它包括四个方面：与本职相关的知识、态度、经验（活动的领域）、反馈（评价、评估的领域）。四方面均达到可构成一种"专项能力"，这个专项能力以一个学习模块的形式表现出来。若干专项能力又构成了一项"综合能力"，若干综合能力又构成某种"职业能力"。其核心是强调对受教育者的能力训练，以职业岗位的实际需求为出发点，合理制定受教育者的能力目标，再由能力目标服从具体岗位来设置相应的课程体系，最后利用能力分析表来评估人才培养的质量水平。

美国、加拿大的 CBE 模式强调以能力作为教学的基础，而不是以学历或学术知识体系为基础，对入学学员原有经验所获得的能力经考核后予以承认；强调严格的科学管理，灵活多样的办学形式。随时招收不同程度的学生并按自己的情况决定学习方式和时间，课程长短不一，毕业时间也不一致，做到小批量、多品种、高质量，从而打破了传统以学科为科目、以学科的学术体系和学制确定的学时安排教学和学习的教育体系。以岗位群所需职业能力的培养为核心，保证了职业能力培养目标的顺利实现。由于能力本位职业教育显著的优越性，它引起了世界范围内的广泛关注，一度曾成为世界职教教学改革的发展方向。

（4）日本的产学官模式

日本的产学官人才培养模式是指在政府支持指导下推进高校与企业进行深层次合作的模式。具体表现在日本政府通过制定政策法规，提供资金支持等方式进行引导、扶持和干预；企业通过投资项目、接受实习生、参与学校的人才培养过程等方式与高等教育机构建立密切的校企合作关系；高等教育机构则为企业培养服务于一线的大批量的适应经济发展的应用型专业人才。

近藤将日本产学官合作模式划分为知识的共同创造、知识的转移、基于知识的创业三种类型。其中知识的共同创造模式包括共同研究、委托研究、奖学捐助金；知识转移模式包括专利交易、技术研修、技术谈判、技术咨询、研究员的聘用；基于知识创业的模式包括大学的衍生企业、创业型大学。

产学官合作模式，为日本产业界培养和输送了大量企业急需的熟练技术工人，建立适应社会发展需要的人才培养体制，使科研成果迅速转化为生产力。

2. 国内有关才培养模式的研究

关于人才培养模式的内涵，至今尚无公认的精准表述，目前有一种侧重从总体上把握。教育部在 1998 年下发的《关于深化教育改革，培养适应 21 世纪需要的高质量人才的意见》中，将人才培养模式表述为："学校为学生构建的知识、能力、素质结构，以及实现这种结构的方式，它从根本上规定了人才培养特征并集中地体现了教育思想和教育观念。"人才培养模式是在一定的思想和教育理论指导下，为实现培养目标而采取的教育教学组织方式和运行方式，它是关于人才培养过程质态的总体性表述，即对人才培养过程的一种设计、构建和管理，在人才培养中起着统帅作用。

现阶段，关于"人才培养模式"的定义主要有以下几种表述。

规范说。人才培养模式是一定的教育机构教育工作者群体普遍认同和遵从的关于人才培养活动的实践规范和操作方式，它以教育目的为导向，以教育内容为依托，以教育方法为具体实现形式，是直接作用于受教育者身心的教育活动全要素的总和和全过程的总和。它反映处于教育模式之下具体教学方法之上这样一个区间的教育现象，由培养目标、培养过程、培养制度、培养评价四要素组成。

过程说。李志义在《谈高水平大学如何构建本科培养模式》中指出，人才培养模式是人才素质要求和培养目标实施的综合过程和实践过程。也有人认为人才培养模式是在一定的教育观念、教育思想指导下，按照特定的培养目标和人才规格，以相对稳定的教学内容和课程体系、管理制度和评估方式实施人才教育的过程的总和。

方式说。杨杏芳在《论我国高等教育人才培养模式的多样化》中指出，人才培养模式指在一定的教育思想和教育理论指导下，为实现培养目标而采取的教育教学活动的组织样式和运行方式。也有人认为人才培养模式是学校为学生构建的知识、能力、素质结构，以及实现这种结构的方式，它从根本上规定了人才特征并集中地体现了教育思想和教育观念。

方案说。杨峻等在《面向 21 世纪我国高等教育培养模式转变刍议》中指出，人才培养模式是在一定的教育教学思想、观念的指导下，为实现一定的培养目标，构成人才培养系统诸要素之间的组合方式及其运作流程的范式，是可供教师和教学管理人员在教学活动中借以进行操作的既简约又完整的实施方案，是为实现一定的培养目标而采取的教育方案和教育方式。

要素说。俞信在《对素质和人才培养模式的基本认识》中指出，人才培养模式是指在一定的教育思想指导下，培养目标、教育制度、培养方案、教学过程诸要素的组合，是为实现人才培养目标而把与之有关的若干要素加以有机组合而成的一种系统结构。

机制说。阴天榜在《论培养模式》中指出，人才培养模式是指在一定的教育思想、教育理论和教育方针的指导下，各级各类教育机构根据不同的教育任务，为实现培养目标而采取的组织形式及执行机制。

系统说。人才培养模式是一个系统，至少包括创新人才的培养模式和人才成长环境两大部分。创新人才培养模式是创新人才培养的核心，是在一定的教学组织管理下实施的，包括培养目标、专业结构、课程体系、教学制度、教学模式和日常教学管理；创新人才成长的环境是创新人才的保证，包括师资队伍、教学硬件和校园文化氛围。高素质的创新人才培养应该是从教师到学生、从观念到制度、从软件环境到硬件环境进行全方位、多角度的综合建设。

从我国高等职业教育人才培养模式的发展历史来看，真正严格意义上的高等职业教育开始于 20 世纪 80 年代，这也是我国现代高等职业教育的孕育与发展时期。进入 20 世纪 90 年代中期，在大量吸收和借鉴国外先进的理论和经验的基础之上，我国高等职业教育理论探讨和实践探索不断取得新的进展，出现了比较系统的有关培养模式的各种理论，逐步形成了一批相对成熟的人才培养模式：产学研结合人才培养模式、订单式人才培养模式、以就业为导向的人才培养模式、双证书制人才培养模式。

虽然当前国内外关于高校人才培养改革问题的论著不少，但从总体上看，存在着以下弊端：第一，研究重点主要集中在对人才的理论、现状、教育内容、教育方法等研究上，而对大学生的情感培养、创新创业教育则关注较少；第二，对人才培养途径和方法的可操作性等方面的研究，还鲜有人涉及；第三，对职业院校、民办高校的人才培养的研究成果比较缺乏。总体看来，单一视角的多，系统研究的少；问题、矛盾提出的多，对策、措施提出得少，特别是能系统地上升到政策层面的建议措施更少。

3. "创新创业+"人才培养模式研究

（1）研究背景

2005 年 10 月 28 日，《国务院关于大力发展职业教育的决定》中指出：职业教育要以服务社会主义现代化建设为宗旨，为提高劳动者素质特别是职业能力服务。实施双元制教学模式，对推进职业教育改革，加强与企业生产实际的紧密结合具有积极的现实意义和广阔的发展前景。中国的高校也纷纷推行双元制教育模式，学习德国双元制模式成功的经验，使现在的毕业生与以往的相比，从方方面面都有着显著的提高。

2010 年 5 月 4 日，教育部颁发了《教育部关于大力推进高等学校创新创业教育和大学生自主创业工作的意见》，主要内容是大力推进高等学校创新创业教育工作；加强创业基地建设，打造全方位创业支撑平台；进一步落实和完善大学生自主创业扶持政策，加强创业指导和服务工作；加强领导，形成推进高校创业教育和大学生自主创业的工作合力。

2015 年 3 月 2 日，国务院办公厅印发《关于发展众创空间推进大众创新创业的指导意见》，针对高校鼓励科技人员和大学生创业、丰富创新创业活动、营造创新创业文化氛围。

2015 年 5 月 4 日，国务院办公厅印发《关于深化高等学校创新创业教育改革的实施意见》。文件指出高等学校创新创业教育改革的主要任务和措施是：完善人才培养质量标准；创新人才培养机制；健全创新创业教育课程体系；改革教学方法和考核方式；强化创新创业实践；改革教学和学籍管理制度；加强教师创新创业教育教学能力建设；改进学生创业指导服务；完善创新创业资金支持和政策保障体系。

2015 年 12 月 29 日，江苏省人民政府办公厅发布《江苏省深化高等学校创新创业教育改革实施方案》，文件主要要求：坚持育人为本，面向全体学生，把创新创业教育融入人才培养体系；以提高人才培养质量为核心，以创新人才培养机制为重点，集聚要素与资源推进教学、科研、实践协同育人，突破人才培养薄弱环节，增强学生的创新精神、创业意识和创新创业能力。坚持创新引领创业、创业带动就业，主动适应经济发展新常态，促进高等教育与科技、经济、社会紧密结合，加快培养规模宏大、富有创新精神、勇于投身实践的创新创业人才队伍，不断提高高等教育对稳增长、促改革、调结构、惠民生的贡献度。2020 年左右，建立健全创新创业教育与专业教育深度融合、知与行相辅相成的人才培养模式，基本形成课堂教学、自主学习、强化实践、指导帮扶、文化引领融为一体的高校创新创业教育体系，人才培养质量显著提升，学生创新精神、创业意识和创新创业能力显著增强，投身创业实践的学生显著增加，高校创新创业教育改革走在全国前列。

2021 年 10 月 12 日，国务院办公厅印发《关于进一步支持大学生创新创业的指导意见》，提出纵深推进大众创业万众创新是深入实施创新驱动发展战略的重要支撑，大学生是大众创业万众创新的生力军，支持大学生创新创业具有重要意义。近年来，越来越多的大学生投身创新创业实践，但也面临融资难、经验少、服务不到位等问题。为进一步支持大学生创新创业，要以习近平新时代中国特色社会主义思想为指导，深入贯彻落实党的十九大和十九届二中、三中、四中、五中全会精神，全面贯彻党的教育方针，落实立德树人根本任务，立足新发展阶段、贯彻新发展理念、构建新发展格局，坚持创新引领创业、创业带动就业，支持在校大学生提升创新创业能力，支持高校毕业生创业就业，提升人力资源素质，促进大学生全面发展，实现大学生更加充分更高质量就业。

（2）"创新创业+"人才培养模式的概念

"创新创业+"代表一种新的人才培养模式，是适应我国经济新常态下的一种教育模式改革的发展导向，是将创新创业理念深度融入传统的人才培养模式中的一种优化和更新。"创新创业"作为核心概念，其内涵是在创造、创新、创业、创优合一的教育观念和教育思想指导下，以构建培养创新创业人才为指向的现代高等教育模式为目的，为培养学生的创新精神和实践能力，按照创新创业教育的培养目标和人才规格，以提高学生创业基本素质、培养创业意识，形成创业能力、实现人生价值的高素质人才培养体系。"+"作为模式外延，即将创新创业与高等教育中各类专业的人才培养及专业建设相结合，以创新创业教育为导向，改革传统的专业人才培养模式，提升专业建设质量，以适应我国经济新常态下对人才培养的需求。

第二节　创新创业教育框架下新产品开发课程设计

新产品开发是创业企业的核心活动，其成败决定创业企业能否生存并取得竞争优势，已成为新技术企业降低创业风险并获得创业绩效的关键战略。如果创新被理解为新产品和服务的发明和商业化的过程，这一过程合并多学科活动，更多地遵循启发式规则，而不是算法规则。前人对新产品开发的研究发现，创业型企业的新产品开发不同于成熟型企业，不能简单机械地套用一般程式。为了适应新时代创新创业人才的培养目标，需要重新思考新产品开发的课程设计，作为专业教育的一部分更好地对接和融入创新创业教育的框架。本节回顾了从创业型企业的角度对新产品开发的研究，基于新产品开发的特色分析了创新创业教育框架下的新产品开发关键知识结构，在此基础上提出这一课程设计的特点。

一、新产品开发与创业型企业

创业型企业进行新产品开发意义重大但挑战艰巨。研究发现，从技术推动创新方面，成功的新产品开发，能够帮助技术创业企业构筑模仿壁垒，提高转换成本，提高自身的技术能力，建立新的技术标准；从市场拉动创新方面，能够帮助技术创业企业克服先天劣势，获得市场先动优势，把握机会以创造价值，减弱资源依赖性并快速实现成长；从设计驱动创新方面，有助于技术创业企业获取顾客价值，构建新的商业模式，成为产业主导设计。

虽然新产品开发有助于降低创业失败率，但是其对成熟型企业会造成风险和不确定性等挑战，对创业型企业更是如此。从企业资源观来看，创业型企业的产品开发面临资源短缺的困境。基于延展资源基础观，为了缓解产品开发的资源瓶颈，徐凤增等（2008）探讨了构建产品开发平台、与合作伙伴建立产品开发联盟、培育企业的政治网络等途径，有助于创业型企业在产品开发过程中更好地利用外部资源，提高产品开发成功率。基于资源基础论和资源依赖理论的双重视角，秦剑（2011）考察了营销资源和技术资源对创业型企业新产品开发绩效的正向驱动机制，发现创业型企业在新兴市场上推出突破性新产品时，营销资源和技术资源具有替代效应，而在成熟市场上推出渐进性新产品时，营销资源和技术资源则具有互补效应。从企业环境角度，创业型企业处于不确定性、混乱、快速变化和激烈竞争环境中。前人发现了新产品开发中即兴性（即计划和实施同步进行）和团队反学习，即团队信仰和项目日常的变化的重要作用。刘景江等（2011）基于国内 152 家科技企业的实证研究发现，在中国创业背景下，科技企业追求创新、超前行动和竞争侵占的创业导向正向影响新产品开发绩效。

面向新时代，对创新创业人才的培养体系的探讨，一种思路是通识型创新方法与创业精神的素质培养；另一种思路将专业型人才的培养与创新创业能力相结合，有针对性地培养不同领域或者跨领域的创新创业人才。新产品开发的教学，与设计、工程和管理多个学科相关，以此为切入点，有助于探讨创新创业教育框架与专业培养的衔接与整合。

二、新产品开发的关键知识结构

（一）新产品开发的机会识别

对应渐进式新产品开发和革新式新产品开发，创新创业人才需要具备两类机会识别能力。通过对比一个产业中现有产品或运作程序，从是否出现差异的角度来描述新产品和服务，在这类科兹纳式机会中，创业者寻找知识和信息中存在的他人尚未察觉到的差异、差距和不匹配情况，将机会进行资本化，获得收益或者优势。这些活动增加了一个人的知识，降低了不确定性层次，推动了市场进程。另一类，熊彼特式机会则高度创新而且脱离现有知识。技术、政治力量、规章制度、宏观经济因素和社会趋势的变化创造了新信息，创业者用这些新信息重新组合资源使其更具价值，打破现有环境中的均衡力量，引发系统性创新及新产品开发。

（二）新产品开发的微观机制：过程创新和产品创新

在新产品开发实践中必须综合考虑过程创新和产品创新。研究发现，对产品创新和过程创新都重视的企业具有最高的投资收益率，而过程创新不好的企业，产品创新绩效也不高，只有协调匹配才能实现创新成功率的最大化。过程创新是产生新工艺、新设备及新的管理和组织方法的重大变革；产品创新是企业为满足顾客需求而引入新产品或新服务的识别与开发活动。过程创新是产品创新的基础，产品创新是过程创新的结果。过程创新的进步不但有助于技术创业企业缩短产品创新周期，而且为产品质量提升和研发成功提供了必要保障。在产品开发教学中，把过程创新和产品创新两者有机地结合在一起，培养理解产品开发整体机制的复合型创新创业人才。

（三）面向可持续的新产品开发：产品全生命周期

区别于传统设计中只关注生产和使用环节，突出可持续、生态设计的新产品开发需要考虑产品使用前、使用中和使用后的各个环节，从原材料的提取和加工、生产、使用和后续处理等产品全生命周期。教学设计时，既要考虑传授关于产品生命周期影响、材料选择、材料效率和可持续使用指南等知识，还要培养学生相关能力，如综合评价产品影响和在这些综合评价指标内解决不确定性完成产品设计等，当然更重要的是树立学生基于事实的可持续理念以及作为产品开发者和作为消费者的责任感。

（四）开放创新视角下新产品开发的跨学科知识整合

开放式创新中，创业型企业可以并且应该利用内部和外部的资源和渠道，模糊企业内外部环境的边界。通过平台式合作创新网络，客户深度参与到协同产品设计与开发中。产品开发既是工科设计学教育的一个重要环节，又是技术管理的一个中心议题。区别于传统的单一学科领域教学，如产品设计（设计学领域）或工艺制造设计（机械工程领域）或产品策略与营销（经管领域），新产品开发强调从研究（潜在）用户，选择适应需求的产品，到产品设计、工艺制造设计，直到投入正常生产的多学科复合型培养，培养学生从财务、法律等其他领域的知识交流中进行市场、经济等状况的准确判断的能力，注重与真实问题的结合。在新时代智能化技术的应用中，新产品开发需要结合更新后的知识与技术进行跨学科整合。

（五）设计思维视角下的新产品开发

从设计思维的角度看待新产品的开发，强调系统性、迭代性和以人为本。把设计作为创新的驱动力，用视觉化方法系统地规划新产品、服务或业务，将产品开发的战略与实践相结合。对创业型企业来说，在尝试设计思维的一般过程和决策策略的基础上，需要通过用户研究、竞争力研究、市场研究等，从众多创意点子中识别产品机会，锤炼出产品概念，从而有效地节省时间和资金。为了赢得先机，创业型企业要充分利用设计思维，系统全面地进行产品开发，除了新产品本身（迭代开发、原型设计、反复测试、生产与供应链设计等），对品牌（不仅仅是平面标识，还包括传达方式）、包装、知识产权保护等要同时进行设计。

（六）新产品开发的隐性知识和能力

工程教育中问题解决能力、管理能力、团队工作能力以及创业精神日益受到课程设计者的重视。而在创新创业教育背景下，面对熊彼特式的机会，当社会经济等条件可能发生大幅度的变化时，正确地判断现状，判断当前企业面临的情况，高效率地分配团队协同以便快速高效地设计、开发并实现新产品和服务，有效地组织并开展工作，这种领导力就显得十分重要。

三、新产品开发的课程设计

（一）课程生源

不同于传统课程设计下将管理类、设计类和工程类学生分割在不同院系进行专门的产品开发课程教学，针对新产品开发课程的特点，尤其是在创新创业的教育框架下，开设平台类或交叉类课程，让不同学科的学生都有机会可以参与其中。目前欧美高校开设的新产品开发课程，如芬兰阿尔托大学的 PDP（产品开发项目）课程，主要面向来自工程、工业设计和商科的学生，也向其他学科的硕士生开放，如认知科学、人类学和生物学；如美国斯坦福大学的 ME310（机械工程 310）课程，从工学院历时 40 多年的课程拓展到联合不同高校不同专业的国际课程。为了实现更好的学习效果，这类课程还会增加入选学生的面试环节，一方面了解学生各自专业能力、个性、动机，以学生为中心明确每期课程的培养细节和个性化体验，另一方面认识到将学生团队视为新产品开发项目的资源之一，课程课题的输入和课程结果的输出受限于这一主要智力资源。

与之相对应，课程的教学团队，是另一大智力资源，也强调跨学科团队教学，并从传统单一的讲授知识角色发展为"讲授＋教练"的模式，而教练的角色比重更大。

（二）课程设置

基于课程的目标与要求，跨学科课程多开设于本科高年级和硕士项目中，一般以综合模块式课程的形式，处于培养体系的末期。这类交叉课程或平台类课程，可以突破学科壁垒，使学生获得跨学科的综合知识背景，培养学生创造性思维和批判性思维、自学能力和人际交往技能、写作和口头表达能力、技术交流能力、外语水平等，为跨学科的交流奠定基础。不同于目前国内课程设置以学期为主，这类课程为了达到其培养目标往往需要一学年的时间，而且其相应的工作量（还包括大量的课外团队协调工作）也不局限于 2 学分或 3 学分的课程。

（三）基于团队的项目式教学

在课程学习的开始阶段，注重组建有积极性和热情的跨学科团队。以团队形式采用项目式的教学方法，是目前新产品开发课程的共同特点。以"做项目"为主线，项目的选择至关重要，学习目标、类型、难易度、时限等匹配，需要教学团队和合作方共同完成。

课程的核心进程包括规划、寻找信息、创意概念、决策以及计算机辅助开发设计，特别强调在制造、组建和测试环节的重要学习体验。过程中强调发展学生创新意识的认知能力，学习过程根据项目的不同可能涉及综合自动化控制、计算机辅助设计、创意、设计美学、为制造装配而设计、设计研究、实验性数据分析、疲劳与断裂机械工程、有限元素分析、人因学、制造工艺流程、微电脑处理器、微电机械系统、机器人、汽车动力学等多种学科知识背景。在国际合作的背景下，一个人或团队在某个跨国新产品开发项目上参与时间有限，并非从头到尾。通过模拟这种真实情境，一些高校在世界各地组织了联合新产品开发课程，采用接力赛的形式，进行跨国跨校跨学科的合作。

由于各个教学课程或项目的不同设定，开发出的产品和服务的表现和实现程度差异较大。因此，在课程教学的评价上，除了项目成果的静态评价之外，还需要结合新产品开发的过程进行团队创新过程的动态评价。

（四）基于真实品牌和产品的前瞻型研发与创新

项目式教学法离不开真实的企业问题。例如，芬兰 PDP 课程，大多数问题来自于制造型企业，特别是那些愿与下一代产品开发者进行创新合作的企业；斯坦福大学ME310 及衍生国际课程，应用设计思维方法，解决真实世界中产品开发带来的诸多挑战，要求学生设计并完善一整套服务系统及最终量产级别的产品原型，最终不仅满足从最初设计定义的首要功能性，还必须从最终产品可用性、技术必要性、商业合理性、社会影响力、环境资源控制、全球文化适应性、使用与购买人群心理等多方面进行考量。在合作教学中，以循证方法，利用成熟的教学工具（如 CES EduPack、材料工程学工具箱）进行扎实分析。在创新创业教育框架下，基于真实品牌和产品，初创企业的前瞻型研发，通过与高校合作，还可以降低投入和风险。

第三节　案例教学在创业通识教育的课堂实践

选取同济大学创新创业教育为实证研究对象。《创新方法和创业基础》是同济大学创新创业教育的一门 2 学分的通识类课程。在课时少、上课人数多、专业背景复杂的背景下，如何把创业通识教育融入教学体系，又能对标学生创新创业知识和能力体系是一个需要关注的问题。在课程设计之初，选择采用案例分析教学方法，精心选取大众点评、共享单车和滴滴打车三个创业案例，做好知识链接，提供创业场景，引导学生课外开展探究式学习。案例教学营造了生动活泼的课堂环境，实现"课程思政"的内容，极大地激发学生学习创业知识的积极性，效果显著。

一、案例材料的选取

案例选择的恰当与否直接决定着案例教学的成败。所选取的案例多数是国内外知名企业的创业成功案例。选择案例时，要定位于培养创业精神，传授创业的基础知识、基本过程和基本技能。案例的选取要照顾到学生专业背景复杂的特点，重点考虑当前创业热点或是寻求能与学生产生共鸣的内容，要在互动交流中能引起学生的良好反响，比如学生普遍使用的产品，实践环节参观过的公司等。

（一）在进行案例教学的初期阶段，使用学生尽可能熟悉的行业或产品的案例

大众点评和共享单车这两个案例，都是学生高频使用、非常熟悉的产品。案例的导入特别顺利，学生也易于接受，课堂上一下子就把话匣子打开了，为后期更深入地展开案例讨论，打下很好的基础。

（二）案例讨论设计问题时要尽量简单

基于非经管类学生群体对管理类的知识了解不多、配套的管理学课程学习较少的情况，针对创新创业的案例教学目的，要对传统的商业案例教学内容做非常大的修改，所以设计问题要尽量简单。比如你使用大众点评的典型场景是什么？大众点评除了美食以外还有哪些板块？你使用共享单车的应用场景是什么？因为开始时学生掌握的管理学理论知识还比较少，不知道具体应该运用哪方面的知识去解决问题。让学生面对这些简单又实际的问题，有话可说，有助于学生慢慢树立起解决问题的自信心，培养其自主学习的意识。

（三）案例要能覆盖创业过程中所能碰到的主要问题

在课时少的情况下，课程教学内容设置需要遵从工科类学生的专业特点和学生个性特点，使用更通俗易懂的知识体系、更具实践性的操作来教学。让学生了解管理的基本原理、基本技能和方法，由浅入深地重点讲解包括计划、组织、领导和控制等四个基本管理职能；增加创新创业用到的衍生知识，例如可行性分析、项目选择、项目融资、项目合伙人、运营管理、组织架构、财务管理、营销方案、物流和供应链管理等。联系工科专业特征，在课程中导入项目管理和创业管理的概念。在大众点评的案例中，包含了创始人团队、知识产权和法律诉讼保护、平台连接、项目融资等七个知识点。在共享单车和滴滴的案例中，融入了项目融资、企业运营、盈利模式、成本核算、社会化营销等六个知识点。在案例教学中能够形成基本的管理学知识框架，使其

在创新创业过程中能够正确使用管理手段，懂得正确地做人做事，提高管理能力。

（四）聚焦高新科技与创新创业教育教学深度融合

课程中选取的三个案例都聚焦在 LBS（地理位置服务）的技术发展在不同领域的应用，研究和探索高新技术出现之后商业模式和企业组织形式的变化，认清高新技术给行业带来的深刻变革。也和学生探讨了 BAT（百度、阿里巴巴、腾讯）三巨头如何通过平台创新，影响商业模式和商业生态。诸如人工智能、区块链技术等案例在以后的案例教学课堂中会继续深入挖掘。在课堂上，学生对高新技术的信息追踪和深度研讨，反映了学生在实际创新创业中分析项目、发现问题、解决问题的实践能力。

（五）筛选正反两面的创业案例进行教学

在选取案例材料时，适当地选取一些具有代表性的失败创业案例。课堂上所选取的案例多数是成功的案例，也可以说多数是创新创业正面的教育素材。这样的案例分析常常给学生一种错觉，创业会像教师在教学过程中所列举的案例一样，很容易成功。在创新创业教育中，正确的做法是要正视青年创业失败率高的实际情况，将创业失败的经验教训传递给大学生。让学生同时看到正反两方面的创业案例，无论是大众点评、共享单车还是打车软件滴滴这三个行业案例中，成功的背后都有多个类似平台出现经营困难或倒闭，由此帮助学生认识到创业者怎样克服困难，总结创业失败的经验教训，让学生在以后的创业过程中不会被来自各方面的心理压力和困难所吓倒，为学生未来的创业打下良好的心理基础。

二、案例教学的实践

创业案例课堂有四个环节：典型案例分析（呈现创业故事）、知识链接（解释管理专有名词或术语）、创业场景（你会怎么做）、探究学习（列出社会管理、商业伦理延伸问题）。在课前，需要公布案例相关资料，学生预习案例，积极思考；在课堂上，师生共同研讨分析案例并提供创业场景，围绕主题进行小组讨论和小组总结，达成共同表达与知识共创；在课后，学生通过知识链接和花费数倍于课堂的时间展开探究学习，逐渐形成对创业的认知，实现"翻转课堂"。案例教学、"翻转课堂"和探究性学习，虽然在含义上有部分重叠，但都是为了让学习更加灵活、主动，让学生的参与度更强，发挥学生学习的积极性、主动性、团队协作、语言表达和创新思考能力。

（一）师生互动

1. 案例教学中学生喜欢互动

学生对很多互动讨论印象深刻，学生积极参与小组讨论，每个人勇于发表自己的意见，小组讨论聚焦于学生间的彼此学习与借鉴。教师在课堂上要鼓励学生积极发言，对学生的发言要尽量给予肯定。学生对案例资料内容进行充分探讨，并在争论中学会协商与尊重，在沟通中学会认同与理解，不止学会了如何进行观点的分享和表达，乃至如何在一个矛盾冲突的环境中与他人共处，从而使案例教学具有了更大的包容性。

2. 教师平等分享观点

尽量不使用从理论到案例来进行案例教学。由于师生各自拥有不同的成长经历，各有所长，对案例的理解不同，教师的职责已不仅仅是传递知识，而是越来越多地激励思考，更像一位充满爱心、耐心、细心和责任心的顾问，一位交换意见的参加者，一位帮助发现矛盾论点而不是拿出现成答案的人。案例教学的核心是发现和解决问题，解决问题的方式是多样的，答案常常不唯一，如果学生一直等待由教师来提供一个标准答案，恰恰是对案例教学效果的束缚。

3. 师生共同组织课堂

师生共同组织课堂既需要教师主动走下讲台，与学生平等分享自己的观点，也需要每一位学生能积极站起来分享观点，通过彼此间的倾听与表达，实现更有效的课堂组织。如果是大班级课堂，一般超过 80 人，90 分钟内要做到每个学生都发言就比较困难，只能采取分组讨论，每组选一名代表发言的方式，以此来促进学生的充分讨论。与此同时，教师既可作为参与讨论的一员，也可作为课堂讨论的支持者、服务者、引导者，进而为师生一起就不同观点展开对话交流提供有力保障。同样，不能把这种形式限定得过死，学生中肯定存在与各组发言不同的观点，要提供两到三人自由发言的机会，供学生表达不同观点，让参与其中的师生均能真正体会到集体讨论所达成的共同表达与知识共创的机制和过程。在相互合作和对话中，师生不仅展示了各自的优势，还看到了他人的长处，这种来自彼此间的真诚欣赏还能让师生在案例教学的课堂中不断获得自信心与增进了解，而这些远比学习所谓的知识更有意义和价值，很可能促成一个彼此投契的创业团队。

（二）知识链接

在应用与时俱进、时代感强的案例开展教学时，不可能像通常的专业课程那样讲授得非常细致、系统，所以应把创业案例中的各个知识点都做知识链接，给出拓展阅读材料供学生课后学习，鼓励学生学会自主学习。比如：针对滴滴打车运营中使用的社会化营销手段，给出社会化营销这个关键词的知识链接，并提供了可口可乐、味全果汁、微信红包、支付宝年度账单等社会化营销案例供学生延展阅读。只要是在创业过程中可能会遇到的问题，我们都把可以延展的阅读材料纳入到案例附件中去，学生可以阅读更多的知识点和更多相似的案例。从而在以后的创业过程中遇到问题时冷静思考、分析，找出解决问题的途径。

（三）创业场景

创业能力是一种高层次的综合能力，是创业成功的必备条件，可分为专业能力、方法能力和社会能力三类。在案例教学中设置一些创业场景，给学生提供逼真的客观环境，使学生置身于特定的典型环境之中，并自觉地进入角色，问问学生进入角色后会怎么做。在代入的过程中，融入了创业者在创业过程中所需要的工作方法和能力，主要体现为信息的接受和处理能力、捕捉市场机遇的能力、分析与决策的能力、联想迁移和创造能力、发现和使用人才的能力、人际交往能力、谈判能力、企业形象策划能力等多方面。这些代入式的问题对学生创业能力的塑造和提升有很大帮助。

（四）探究学习

探究学习在案例教学中主要体现在案例在社会管理、商业伦理方面的延伸问题，供学生课后思考。比如"共享单车的巨量投放带来哪些社会管理的挑战""政府如何做好'滴滴打车'网络约租车平台的管理""大众点评和团购业务如何影响青年消费生活"等凸显公共利益和社会价值的问题。探究学习能够带给学生除了知识与技能的习得外，更重要的是思维方式和品格塑造。培养学生的创业能力不能过分地依赖知识的传授，而是要着力培养学生对社会现象的关注和敏感度、培养学生辨析和解决问题的习惯与能力、培养学生批判性思维的习惯与能力，这里更愿意称之为"商业智慧"。

三、案例教学的效果

（一）激发学生学习主动性

通过与时俱进的案例，学生变被动接受为主动参与，师生共同参与开放式讨论。牢固掌握某个知识点不是授课的重点，课堂教学也不再是一个封闭的知识讲授过程。学生能体会到主动表达观点，感知探究与反思问题的乐趣，亦因彼此欣赏与平等对话而给彼此带来更多的满足与喜悦，让课堂学习成为一个富有张力的过程。各种各样的观点、结论在对话和合作的过程中形成了开放的知识建构，课堂气氛变得生动活泼。为了获得正确地解决问题的办法，学生需要耗费课后的大量时间，自行查阅有关案例事件的背景资料，并学会利用所学的理论知识解决现实生活中存在的问题，大大激发了学生主动学习创新创业理论知识的积极性。

（二）提升综合能力

不同的案例中，选取相应的创业者的亲身经历进行讨论分析，不仅使学生通过讨论获得从事创新创业所必备的理论知识和管理工具，而且提升了学生分析问题和解决问题的能力。同时通过讨论也增强了学生团队合作的意识，通过发言间接锻炼了学生总结归纳能力和语言表达能力。案例分析教学方法对于培养学生创新创业的综合能力的教学效果非常显著。

（三）讲好中国故事，实现"课程思政"

1. 讲好中国故事

习近平主席提出，"一带一路"是中国为当前世界局势提供的一条解决之道、破局之道，是为世界提供一个中国的解决方案。在讲述我们中国的市场特点、商业伦理、创业成功经验时，都要传递这个概念，所以讲好中国故事特别重要。案例分析过程中，学生对比了大众点评和美国的本地生活网站 Yelp、团购网站 Groupon、旅游网站 Trip Advisor 等；在滴滴打车的案例中对比了美国的打车软件 Uber。通过中外同类创业项目的案例讨论，深入理解大众创业、万众创新作为中国新经济增长的新引擎的含义，了解国家对创新创业的新政策和新举措。

2. 引导学生高度关注国内外科学发展和社会创新

一些由技术革新实现的新商业模式和背后隐藏的政府监管、商业伦理等问题是学生很关心的事情。学生在课堂讨论中对共享单车的无序投放、网约车平台的垄断等凸显公共利益和社会价值的问题讨论特别热烈。这就要求教师在开展案例教学时，将创业教育融合于时代背景和社会生活之中，结合经济社会和区域发展的现实热点来精选案例进行教学，并且在案例讲解的过程中，引导学生关注这些热点社会问题，给出更优解决方案。

3. 引导学生高度关注国内外科学发展和社会创新

当学生联想到很多现实生活中的实际需求，认识到创业并不是特别困难的事情，关键是要拥有创新的理念和行动。他们会在以后的生活中有意识地去发现、思索，从而积极面对、甚至创造新的机遇。这样就在我们的创新创业教育课程中实现了"课程思政"。

四、建议

（一）购买已有案例库

"中欧国际工商学院案例库""北大案例库"等收编的中国本土案例已达到 800 个，基本涵盖了可能创业的学科与行业，大部分的案例是目前企业界关注的焦点，部分案例包含企业"从无到有"的发展历程，能够贴合学生创业，可以减轻教师自行编写案例的工作量，也满足学生的需求。

（二）建立"同济校友创业案例库"

学生高度关注身边人的创业行为，高度关注自身职业生涯选择。向创业成功的校友企业取经，收集、整理和编辑校友企业案例，有重点地选取校友创业的多样化典型，丰富创业的类型，又把现实中不同背景、不同年龄、不同行业的身边人创业引入学生视野，使不同专业学生都能在现实生活中找到实际可学的创业案例。

第四节　基于创新驱动的高校人才培养模式研究

2015 年 10 月 20 日，原国务院副总理刘延东在《深入推进创新创业教育改革，培养大众创业万众创新生力军》的讲话中指出："深入推进高校创新创业教育改革，事关高等教育改革发展，事关国家全局和民族未来。加快推动高等教育改革发展，推动高校毕业生更高质量创业就业，迫切需要深入推进创新创业教育的改革。"实施创新创业教育、加强创业精神和创业能力人才培养，既是优化人力资源配置、缓解社会就业压力、促进社会经济发展的重要手段，又是建设创新型国家背景下深化高等教育改革的迫切要求。

随着创新创业教育在全国高校的不断推进，创新创业教育组织模式、运行机制等问题也逐渐被管理者和研究者所重视。选择怎样的组织模式、如何开展有效的运行和管理，真正激发师生创新创业活力，成为摆在高校教育管理者面前的一个重要课题。选取创新创业教育实践较为丰富的厦门大学作为实证研究对象，全面了解该校创新创业教育的组织模式、运行机制及其成效，以期对我国其他高校开展创新创业教育有所启示。

一、创新创业教育的组织模式

（一）提供实践平台，推进交流协作

积极打造本科生早期科研训练平台。早期科研训练有助于提升学生科研意识，锻炼学生科研能力，培养学生创新素养，让学生成为"双创"教育的主人。厦门大学系统打造了本科生早期科研训练平台，包括大学生创新创业训练计划项目（国家、省、校、院四级项目体系）、厦门大学基础创新科研基金（本科生项目）和院级本科生创新基金项目等。该平台以科研项目形式资助学生开展科学研究，由学生担任项目负责人，在教师指导下由学生或学生团队共同完成。

努力建设本科生学业竞赛平台。厦门大学以往的学业竞赛基本上是由各学院各自组织，多数仅面向本学科和本学院，赛事规模小而且受众少，影响力有限。2013 年起，厦门大学通过打造学业竞赛平台，力争使每个学院重点打造 1～2 个品牌赛事，对学生

参与面广、受益面大的学业竞赛，通过立项的方式予以重点资助建设，打造校级跨学科竞赛项目。在设立校内本科生学业竞赛时，厦门大学瞄准国内外重大赛事，参照其比赛内容和评分标准无缝对接，使校内赛事成为校外赛事的选拔赛。此外，厦门大学还通过设立专项经费资助有潜质的学生，鼓励其与国内外一流高校的学生同台竞技。

（二）设立"双创"学分，实验资源共享

在厦门大学，学生通过参加学业竞赛、科学研究、发明创造、发表论文，可获得创新学分。在课程设置上，学校开设了包括慕课、翻转课堂和沙盘实训等在内的创新创业相关课程，开放对象为所有本科生。其中，翻转课堂和沙盘实训为全校性选修课，可以各获得校选 2 学分。慕课课程《创业基础》为全校性必修课，由厦门大学与乐易考共建，可以获得必修 2 学分。慕课以厦门大学中科创业学院为主，乐易考教育科技集团提供的慕课为辅，双方资源优化后共同设计形成。乐易考负责提供慕课视频课程资源、翻转课堂线下教学教辅资料、师资培训、后续运维服务等。

不仅如此，厦门大学还推行实验室 24 小时开放制度，建设了较为完善的教学实验管理系统，启用网络预约功能，学生可随时预约进入实验室开展创新活动。与此同时，厦门大学推行实验资源共享制度，所有本科教学实验室均对全校本科生开放，倡导本科生提前进入科研实验室。2016 年，厦门大学开展本科生使用贵重仪器设备立项申报，鼓励本科生积极参与贵重仪器设备的使用，利用贵重仪器设备开展学习与研究活动，以提高创新实践能力。

（三）融入具体专业，开展改革试点

除设立创新学分外，厦门大学还遴选了部分专业开展创新创业教育改革试点，推进培养方案、课程体系、资源建设、管理模式等方面的综合改革，使创新创业教育贯穿于专业教育的全过程。其中，工商管理、自动化、医学检验技术、通信工程、生物技术、测控技术与仪器等专业入选创新创业教育改革试点专业。

同时，以专业核心课程为主，厦门大学遴选建设了一批创新创业教育与专业教育融合的省级精品资源共享课，充分挖掘各类专业课程中的创新创业教育内容资源，培养学生的创新精神、创业意识与创新创业能力。其中，《全球创业》《移动计算》《针灸学》《微生物学》《美国社会与文化》《生物工程专业实验》《项目管理与创新创业实践》《城乡规划新技术 GIS 应用》《互联网创业引导与实践》等均入选精品资源共享课。

有学者提出，当前我国创新创业教育组织机构主要可分为"独立模式""依托模式"（可分为"学院依托模式"和"平台依托模式"）"协作模式"。"依托模式"是指高校依托学院或某一部门开展具体工作，其发展目标、课程资源、师资、管理机构由参与单位负责。厦门大学依托科研训练平台、创新创业实践平台、学业竞赛平台、工程训练中心等平台基地，以创新创业实践为重点，开展相应的课程教学、咨询指导、成果孵化等，其特点符合依托模式中的"平台依托模式"。具体而言，厦门大学"平台依托模式"代表工程型创业教育，侧重利用工程技术创新优势加强创业项目的培育和孵化，注重创新创业成果的转化和应用。"协作模式"是指教务部门、学生工作部门、就业指导部门、相关学院等根据各自职能，分别负责创业教育的课程建设、竞赛组织、创业实践等不同阶段、不同类型的培养工作。从这个概念出发，厦门大学以全体学生的创新意识、创业能力、创新创业素养培养为目标，以教务部门、团委和就业指导等部门为牵头单位，统筹协调全校创新创业资源，协同推进工作，也兼具了"协作模式"的特征。由此看来，厦门大学"双创"教育既有依托模式的特征，又兼具协作模式的特点。

二、创新创业教育的运行机制

近年来，厦门大学通过构建"一体四翼"实践教学新体系，打造科创竞赛"两平台八化"新模式，建立课堂革命"三个倒逼"新机制，形成了"四轮驱动"深化创新创业教育改革的厦门大学经验。为保证"双创"改革的稳定实施，使厦门大学创新创业机制平稳运行，科学的学业评价机制、合理的资源配给机制、有效的师生激励机制都必不可少。

一是学业评价机制方面，厦门大学于 2011 年制订了《厦门大学本科课程学分绩点计算管理办法》，使其考评机制从注重对学习结果的评价转向对学习过程的考评。二是资源配给机制方面，厦门大学在学校层面投入的大学生科研创新项目经费逐年增加，其资助创新实践平台经费 2011 年、2012 年、2013 年分别为 100 多万元、232 万元、377 万元。三是师生激励机制方面，厦门大学通过《厦门大学"大学生创新创业训练计划"管理办法（试行）》《厦门大学学业竞赛管理办法》等一系列制度明确学校的各种配套支持奖励政策，调动师生创新创业的积极性，鼓励全员参与、全力参与。

（一）构建"一体四翼"实践教学新体系

在"双创"改革中，厦门大学以实验教学、实习实训、科创竞赛和社会实践等四个方面为抓手，逐步形成了课内课外相融合、校内校外相补充，多层次、立体化、开放性的"一体四翼"实践教学新体系，切实提升学生实践创新能力。

1. 加大投入深化改革，提升实验教学水平

实验教学是连接理论知识与应用的桥梁，对于培养学生实践能力和创新能力具有理论教学不可替代的作用。改革传统的实验教学是提高实验教学人才培养职能的根本途径，而创新性的实验内容和方式具有探索性、创新性、设计性和综合性的特点。厦门大学强化了实验教学环节在整个教学体系中的地位，加大实验教学投入、深化实验

教学改革、建设虚拟仿真实验教学中心、搭建校内创新实践平台，并逐步加强其校内制度建设与管理工作。

2. 推进建设加强组织，确保实习实训成效

实习对本科生的实践创新能力培养有着重要的作用，实习基地是开展实习活动的主要场所，但是由于教学计划执行不到位、实习前准备不充分、实习过程流于形式、实习经费使用不合理等问题，长期以来我国高校人才培养中实习实训多数情况是走马观花，无法满足培养学生实践创新能力的需要。厦门大学在学生掌握专业理论的基础上，加大实习经费投入，加强实习基地建设，完善校内实训教学环境，强化实习环节管理，为学生实践创新能力培养打下良好的基础。

3. 加强项目策划运作，增强实践育人实效

社会实践是大学生以社会为舞台开展的接触社会、了解社会、服务社会，并从中接受教育、培养综合素质的一系列有组织、有计划活动的总称。厦门大学立足重大现实，精心设计内容；构建常态体系，推动项目运作；完善保障机制，规范基地管理；促进有机结合，推动成果转化。同时，厦门大学将社会实践活动作为课堂教学的有益补充，把理论教学与实践教学融为一体，形成了创新意识和创造能力的能动过程。

4. 打造科创竞赛平台，提升实践创新能力

为加强学生实践创新能力培养，厦门大学着力打造科创竞赛"两平台"，启动实施"八化"新模式。"八化"系指科创竞赛全员化、科创训练多样化、科创项目课程化、科创场所基地化、科创竞赛团队化、科创竞赛国际化、激励机制常态化、学术讲座日常化。与此同时，厦门大学还为学生打造本科生早期科研训练平台、学业竞赛平台，建立健全其"双创"激励机制，努力践行创新管理。

（二）全力打造本科生早期"两平台"建设

2013 年，厦门大学提出打造本科生早期科研训练和学业竞赛"两平台"。为确保两个平台建设顺利进行，要实施四项基本改革措施。

1. 改革人才培养方案，将科创竞赛项目纳入人才培养体系

按照"优化课程结构、强化实践创新能力、突出个性培养、均衡课程安排、规范课程管理"的总体原则，厦门大学制订了更为灵活、多样、个性化的人才培养新方案，将科研创新项目融入课程教学过程，将科研训练计划纳入实践教学体系，促进项目与基础实验、课程设计、专业实践、毕业论文（设计）的衔接和结合。设立创新学分，将学生科创竞赛项目纳入人才培养体系。

2. 实施本科生导师制，鼓励优秀教师指导学生科创竞赛项目

厦门大学于 2006 年起在全校范围内实行导师制。导师制具体为由一位导师带领若干名学生组成团队，对某个科创竞赛项目进行共同探讨研究。通过导师制，将具备创

新思维的教师和具有创新潜质的学生聚集在一起，导师的知识领域和学生的创新能力在其相互的思维碰撞中得到扩充和提高。学生在导师的指引下接受早期的科研训练，实现自主性、探索性、实践性学习，培养创新能力和创新精神。

3. 创建一批创新实践基地，为学生提供优良创新实践条件

一方面，厦门大学建立了国家重点实验室、教育部重点实验室、各级实验教学示范中心等向参加"双创"项目的学生全天候开放；另一方面投入了专项资金在校内建立了众多的创新实践教育基地，为学生提供优良的创新实践条件，对创新给予全力支持。现在厦门大学已经逐步将基地延伸到校外，其充分利用政府、企业、校友等各种资源，加强校内外资源联动与地域互动，在工厂、企业、社区中建立实践基地，为学生提供更加真实的创新环境。

4. 实施三学期制，给学生更多选择的自由

近年来，厦门大学通过不断完善短学期教学安排，加强对学生的创新实践教育。从 2005 年开始，学校就推行"三学期制"，通过"小学期"的实践时间来实现对学生创新创业能力培养的效率最大化、时间利用最优化。学生可以根据自身情况选择参与科研训练或者参加社会实践活动，还可以准备学业竞赛。学生有了更多的自主选择空间，可以最大程度享受到综合性大学蕴含的丰富资源。

（三）构建课堂革命"三个倒逼"新机制

厦门大学课堂革命"三个倒逼"机制是其创新创业教育的一大亮点，这里的"倒逼"是指利用部分预期作用结果先行确立来反作用于课堂革命，使得课堂"不得不"革命。"三个倒逼"机制具体为：硬件倒逼，以教学设备设施的现代化倒逼课堂革命；MOOC 倒逼，以在线开放课程建设与应用倒逼课堂革命；制度倒逼，以教学管理制度规范的建立倒逼课堂革命。

1. 硬件倒逼

主要表现在空间布局、课堂互动、课程录播、智能黑板、智能管理等方面。在空间布局上，一些造型奇特的课桌"全面上线"，教师与学生实现平等交流，促进教学模式由以教师为中心向以学生为中心转变。在课堂互动时，开展分组教学，支持学生分别选择不同的观点进行互动，实现小组之间的团队学习。此外，传统教室中的多媒体投影机、布幕消失了，变成了智能黑板，教师可以在上面实现编辑、标注等功能，并可实时保存，这让教师可以大展身手。智能管理上，区别于传统的老师点到，电子签到使得点名不再浪费宝贵的课堂时间，教学管理人员、督导组老师可远程实时查看课堂教学情况。

2. 慕课倒逼

第一，厦门大学为在线开放课程提供了相应的制度保障。比如结合在线开放课程

建设经验，研究制定了《厦门大学在线开放课程建设与应用管理办法（试行）》，并于2017年12月31日正式印发。第二，积极组织教师开展培训与交流活动。如举办常态化的交流沙龙、邀请校外专家来校培训、组织教师外出参加教育部和福建省在线开放课程培训等方式，来提升教师的在线开放建设与应用水平。第三，共建慕课拍摄基地。为推进在线开放课程建设，帮助在校教师深入了解慕课课程制作、完成课程建设任务、提升教学技能，2016年厦门大学与智慧树平台在翔安校区共建了1个慕课拍摄基地。

3. 制度倒逼

为了保障"本科生全部课程上网工程"得以顺利进行，厦门大学从规范建设、政策支持、激励机制、评价机制四方面开展制度倒逼。依据《厦门大学本科教学工作绩效考核管理办法（试行）》，学校将启动"本科生全部课程上网工程"作为硬性规定，要求所有本科生课程必须开展线上线下相结合的混合式教学改革。教师方面，进行在线开放课程的建设与教学工作量按 3 倍计。学生方面，学校制定了在线开放课程学分的认定办法，为学生网上学习的学分认定等提供制度保障。同时，厦门大学还建立了适应线上线下混合式教学的评价机制、完善在线开放课程的评价机制、加大在线开放课程的绩效考核权重、优化教学工作的考核与评价方法、完善教学经费核拨与本科教学工作质和量挂钩的机制。

（四）积极探索"四轮驱动"模式

1. 政策推动，融入人才培养体系

在政策方面，厦门大学兼顾人才培养、教师教育、科研创新，将创新创业教育纳入人才培养体系。一是优化人才培养方案。设立创新学分（必修），实行创新学分奖励制度。二是强化教师教育职责。完善本科生导师制，鼓励教师指导创新创业并计入工作量，促进教师科研课题与学生科研训练的有机结合。教师所指导的项目参加高水平竞赛并获奖，在其申请职务高聘时，同等条件下给予优先考虑。三是完善科研创新机制。制定《创新创业训练计划管理办法》，规定本科生在校期间应至少参加一项科创项目。构建课内实验教学与课外创新活动、学业竞赛相互补充的多元化科研训练体系。加大科研项目和科研资源对学生的开放度，建立跨学科交叉、本硕共同参与的科研创新机制。

2. 地域联动，打造联合培育平台

一是共建众创空间。厦门大学依托学校省部委重点实验室和工程中心，与厦门市人民政府、厦门火炬高技术产业开发区管理委员会共建"厦大—火炬极客空间"，全年免费开放，为创客提供技术指导和交流、创业扶持与协作的场所。二是共建见习基地。厦门大学与厦门市知名企业共建 58 个"青年就业创业见习基地"，延伸见习基地创业孵化职能，举办学生创业企业见习招聘会，专设创业企业展位，为创业团队寻找"创业伙伴"提供支持。三是共建培训课程。建设福建省高校毕业生创业培训基地，优化课程体系，每年面向 400 名本校学生和 100 名厦门地区高校大学生开展"ETC 创业培训"（教育 Education、孵化 Tutor、投资 Capital），帮扶解决项目战略规划设计及实际经营问题。

3. 兴趣带动，引导学生主动参与

一是鼓励参与竞赛。厦门大学实施科创竞赛"八化"（全员化、多样化、课程化、基地化、团队化、国际化、常态化、日常化）新模式，激励学生为兴趣创业。组织学生参加首届中国"互联网 +"大学生创新创业大赛、中美青年创客大赛、中国海峡项目成果交易会等活动，为有创新潜质的学生脱颖而出搭建平台。二是推进交流互动。定期举办年度大学生创新创业论坛，为学生提供经验交流和成果展示的机会。开设"校友创业论坛"，邀请成功创业校友和学校知名学者共同参与，分享实战经验，讲述创业故事，让更多学生成为创新创业的铁杆"粉丝"。三是培育学生社团。组建创业型学生社团，不断提高学生创新创业的体验度和参与度。加强社团骨干培训，加大创业基金、创业俱乐部、创业导师等政策扶持，建立校内专业教师和校外企业家联合指导的双导师制，激发创业热情。

4. 资源推动，完善服务保障体系

厦门大学调动了校内外尽可能的资源来保障服务体系的建设，为学生提供创新创业的帮助与服务。一是加大资金投入力度。统筹教学、学生经费和校友捐赠等资源，设立创业启动金、学生创新创业基金、科创竞赛奖学金、社会课堂奖学金等，加大对实践教学经费的投入和自主创业的扶持。二是打造校内实践平台。在学校芙蓉隧道内设立"RCS 机器人队工作室""飞思卡尔智能车工作室""创意工厂"等，成为学生进行科创竞赛训练的重要场所；建立湖畔咖啡、惜夕湾咖啡等特色创业实践基地，招募学生创业团队自主经营，搭建全仿真创业环境。三是提升孵化服务水平。设立创业服务中心，提供科研训练课程、风投引资、项目孵化、跟踪扶持等服务；依托国家大学科技园，成立创业孵化中心，为入驻大学生创业企业提供场地优惠、投资融资、创业咨询等服务。

三、创新创业教育的实施成效

（一）"双创"教育稳定开展，活动积极组织实施

2013 年，厦门大学提出打造本科生早期科研训练和学业竞赛"两平台八化"新模式，带动发扬创新型人才培养的新理念。在建立"两平台"之外，厦门大学还投入专项经费，立项建设了 20 个创新俱乐部、工程师训练营、创客空间等本科生创新实践平台，建立国家、省、校、院四级大学生创新创业训练计划项目体系，鼓励学生进行科

研训练。如芙蓉隧道创新实践基地等，目前已有机器人、智能车、无人机、创意工厂等工作室入驻，是一个完全以学生为主体，面向全校所有学生、鼓励跨学科学生协同的创新实践俱乐部。芙蓉隧道创新实践基地强调学生自我管理，由学生负责基地的日常运行，全天候 24 小时开放，鼓励学生自主创新，常年有 200 余名学生"以隧道为家"。基地对科创竞赛起着支撑与孵化作用，学生利用该基地在机器人、智能车、无人机等国内外相关竞赛中屡创佳绩。又如厦门大学"演武创客空间"，面向全校学生提供开放的创意与创业实验环境与交流协作平台。

（二）师生创新能力增强，参与意愿大幅提高

厦门大学科创项目覆盖面显著增长，学生参与人数占当年新生数比例不断提高。学生曾多次公开发表论文，申请专利，并多次获得国家及省级奖项。经过这些年的努力，厦门大学创新创业改革成效突出，引领和示范作用显著。师生积极性有了较大提高，学生创新创业成果不断涌现，学生学业竞赛成绩优异，在社会和业界引起了较大关注。

（三）"双创"教育成效显著，获奖表彰硕果累累

2015 年 4 月 22 日，国务院总理李克强视察厦门大学时曾强调指出，"学校人才培养工作抓得很扎实，创新创业工作用人单位很满意。"2015 年厦门大学接受教育部本科教学工作审核评估，专家组充分肯定了其本科教育教学工作，认为厦门大学"科创竞赛'八化'模式成效突出""教学改革措施得力，在全国高校具有引领和示范作用"。在获奖表彰方面，荣获了"2012—2014 年度国家级大学生创新创业训练计划实施工作先进单位""全国高等学校创业教育研究与实践先进单位"、首批"全国高校实践育人创新创业基地"，承办了第九届全国大学生创新创业年会，入选教育部"全国首批深化创新创业教育改革示范高校""国创计划十周年"最佳组织奖等，并且将承办第四届中国"互联网+"大学生创新创业大赛。

（四）积极影响当地"双创"，全国亦有借鉴意义

作为开展创新创业教育的参与者和引领者，厦门大学曾受邀在全国性会议上作题为《新时代新模式新课堂——厦门大学智慧教学的探索与实践》《建立三个倒逼，推进课堂革命》等经验交流，为全国的"双创"教育提出宝贵的指导经验与建设思路。

四、厦大创新创业教育的启示意义

（一）挖掘学生实践潜力，推进教学模式改革

1. 构建实践教学新体系

以实验教学、实习实训、社会实践和科创竞赛等四个方面协同为抓手，加强学生

实践创新能力培养，构建课内课外相融合、校内校外相补充，多层次、立体化、开放性的"一体四翼"集成实践教学新体系。如加大实践学分学时比重、设立科研训练项目、打造本科生实践创新平台，设立工程师训练营、创业空间，推行实验室 24 小时开放等。

2. 改革课堂教学模式

高校应将人才培养放在学校工作的中心地位，要高度重视本科生创新创业教育，要以工程教育领域创新创业教育作为学校综合改革的突破口，将工程教育中的创新创业教育贯穿人才培养全过程。创新型人才培养，要让"满堂灌""填鸭式"的教学方法远离大学课堂，倡导采用启发式、探究式、讨论式、翻转课堂等新型情景教学模式，促进以教师为中心向以学生为中心的转变。

（二）立足创新驱动发展，强化工程教育实践

1. 科技创新驱动发展

教育是现代经济社会发展的第一要务，加强工程教育将驱动国家经济从比较优势向竞争优势转化。从创新出发，以创业为落脚点，以造就学生的创新能力、创新意识和创业技能为基本内容，以创新为基石，遵照"实践→理论→实践"的闭环设计，构建工程创新创业教育地图，力求建立培养出高素质创新型人才的教育体系，形成工程教育完整的闭环。强化工程教育，立足工程领域，让工程教育的发展水平与社会、产业发展水平相协调，培养更多适应经济社会发展的工程师人才，将推动国家实现社会经济发展的战略转型。

2. 工程教育实践迈向更高的台阶

要做到树立创新型工程教育理念，提升学生工程科技创新、创造能力；树立综合化工程教育理念，推进学科交叉培养；树立全周期工程教育理念，优化人才培养全过程、各环节，培养学生终身学习发展、适应时代要求的关键能力。工程教育模式要创新，探索多主体协同育人机制，推进产学研合作办学、合作育人，探索建立与行业企业共建共管的产业化学院等；完善工科人才"创意—创新—创业"教育体系，以创新引领创业、创业带动就业，广泛搭建创业孵化基地、科技创业实习基地、创客空间等创新创业平台，提升工科学生的创新精神、创业意识和创新创业能力。

（三）推进"新工科"战略实施，优化人才培养模式

"新工科"就是在新形势、新环境、新需求下，就如何培养新型的工科学生达成的初步共识，是对于工科学科建设的优化再造和内容升级，以及对于未来工科学生培养目标、培养方式、培养内容的探索。新工科人才培养的关键要素包括明确学校定位和特色、人才培养目标和定位、人才培养模式、师资，等等。

1. 明确学校定位使工科教育分类发展

教育部对不同类型高校兴办新工科提出了不同的指导方向，工科优势高校要对工

程科技创新和产业创新发挥主体作用；综合性高校要对催生新技术和孕育新产业发挥引领作用，推动学科交叉融合和跨界整合，促进科学教育、人文教育、工程教育的有机融合；地方高校要对区域经济发展和产业转型升级发挥支撑作用。应注重分类发展，促进高校在不同层次不同领域办出特色、办出水平。

2. 优化"新工科"人才培养模式

要制定符合社会需求和专业发展定位的人才培养目标，加强大学生实践能力、管理能力与领导能力的培养，可收集国内外高校人才培养方案进行对比分析，了解国外与国内高校工科教学计划、课程体系的异同，深入开展多样化探索与实践，形成每个专业新的人才培养方案。与此同时，压缩课内教学学时数，加大创新创业与实践（含实验）学分比例，将创新创业教育融入课程体系。可引进具有工程背景的专任教师，加强实验、工程技术人员培训，探索支撑个性化、柔性化和弹性化的人才培养模式。

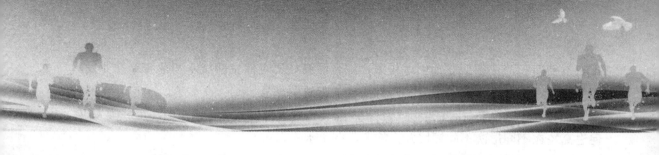

第七章　高校"创新创业+"人才培养模式实践

实践教育是创新创业教育必不可少的环节，是培养大学生创新创业意识、创新创业能力的具体途径。培养学生创新创业最重要的是将创新创业思想体系、知识能力结构体系和实践教学体系融为一体，形成使知识快速转化成能力的教学体系。

第一节　"创新创业+"人才培养模式实践体系构建的必要性

一、国家创新能力提升的需求

2013年习近平在"全球创业周中国站"贺信中指出："青年是国家和民族的希望，创新是社会进步的灵魂，创业是推动经济社会发展、改善民生的重要途径。"21世纪是创新的世纪，创新和创业成为了这个时代的主题，创业是实现创新的过程，是创新的重要体现，而创新是创业的本质和手段。进入21世纪以来，人才成为各国相互竞争的核心，也成为衡量一个国家和民族创新能力的重要指标之一，大学生的创新创业能力也就成为我们国家实现创新型国家的重要因素，这就必然要求承载人才培养功能的高校，积极承担起创新创业教育及实践的育人功能，从而形成国家创新发展的"人才储备库"。因此大力开展创新创业实践教育，不仅是个人的认知与需求，更是国家战略发展的必然要求。

二、区域经济社会发展的需求

高职院校与区域经济社会发展联系紧密，旨在服务于地方经济社会发展。当前，地方经济的转型升级与可持续发展的根本在于依托人力资源优势实现从"资源驱动"向"创新驱动"的转变。高职院校创新创业教育实践工作一定程度上能够培养适应地方经济社会发展所需的创新驱动的人力资源,同时地方经济社会发展又为高职院校开展创新创业教育实践工作提供了平台和载体。因此,高职院校创新创业教育工作必须坚持立足地方经济社会发展的现实需求。

三、高职教育自身发展的需求

(一)高职教育人才培养目标需求

从高职教育人才培养目标的视角来看,高职教育应构建一种具有"高职特色"的创新创业人才培养机制来提升高职教育的核心竞争力。高职教育占据我国高等教育的半壁江山,随着高等教育的深化改革和转型,在人才培养中发挥着举足轻重的作用。从长远角度来看,高职院校的核心竞争力之一,就是培养当代大学生的创新创业能力、企业家精神和人文素质,并形成完整的理论体系和实践机制。正因如此,2010 年我国颁布的《国家中长期教育改革和发展规划纲要(2010—2020 年)》中也明确提出:加强就业创业教育,提高人才培养质量。因此,在创新创业教育发展过程中,加大创新创业教育实践的力度,培养大学生的实践精神、探索精神、创新意识和创业能力,将成为未来高职教育提升核心竞争力和发展的有效途径之一。

(二)高职教育人才培养模式需求

从高职教育人才培养模式的视角来看,高职教育应转变观念,探寻人才培养新模式、新方向。创新创业教育是联合国教科文组织在研讨"面向 21 世纪国际教育"发展趋势时提出的一种全新的教育理念,大力发展高校创新创业教育、培养创新型人才已成为各国高等教育发展的共识。随着中国经济的改革发展,创新型产业将成为中国未来经济再次腾飞的支柱,而创新创业教育就是创新型经济的原动力。但如何确立一种有效的模式,尤其是可参照、可借鉴特别是可复制的人才培养模式,更应是当前高职院校在积极探索创新创业教育可行性路径的同时,必须面临和解决的基本课题。

实践教育是创新创业教育不可缺少的环节。创新创业精神、创新创业能力需要学生在学校学习阶段逐渐培养,通过系统的理论教学和实践教学活动,向学生传递生产经验和社会生活经验,引导他们树立创新创业意识,掌握创新创业知识和技能,启迪思维,发展兴趣,注重创新创业精神的培养和就业观念的转变。

创新创业是一项实践性很强的工作,创新创业教育旨在培养学生的创新意识、创新思维和创业能力等综合素质,这些都必须通过实践教学的形式得以实现。所以,实践教育对于创新创业教育的意义是显而易见的。

创新创业能力的培养需要学生参加系统的理论学习和实践活动，需要在教师的引导下树立创新创业意识，启发创新创业思维。实践教育教学更能引起学生的兴趣，使学生深刻体会到创新创业必须具备的素质和能力。因此，实践教育教学是创新创业教育的核心，如果脱离了实践教育教学，创新创业教育就变得毫无意义。

四、大学生自我价值实现的需求

　　创新创业教育实践能够充分发挥自身主观能动性。在创新创业实践过程中，大学生自身能量的发挥起着关键性的作用，而指导老师或者教育者仅仅起到启发、教育、指导和引导的作用。作为一名创新创业者，在整个创新创业行为的全过程中，大学生都能够充分发挥主观能动性，对企业进行决策和管理，所有的一切都是大学生个体自主行为的选择和执行，通过创新创业实践使他们的思想得到了充分的释放，使他们的才华得到了充分的施展。

　　创新创业教育实践过程是大学生自我极限挑战的过程。人类极限挑战主要包括精神和身体两个方面，创新创业过程的艰辛和付出可以让大学生在创新创业过程中得到体验；创新创业的风险性和不可预测性又可以磨炼大学生的韧性、毅力和情感。总之，创新创业实践不是对大学生单一性的考验，而是综合性的极限挑战。实践是创新创业者锤炼自己的最好平台。创新创业是一项社会实践活动，学生的创新创业意识、创新创业精神、创新创业思维等创新创业综合素质，要能够付诸创新创业实践才能折射出其价值和意义，创新创业能力和素质也必须在实践中才能得到锤炼和固化。

第二节 "创新创业+"人才培养模式实践
体系构建的原则

一、本着为区域经济社会发展服务的宗旨和出发点

　　基于当前高职院校创新创业教育实践的现状和开展形式，本原则要符合"创新创业+"人才培养模式实践体系构建的目标。

二、适应区域经济和社会发展需求的原则

　　学校应建立"创新创业教育区域化"的理念。创新创业教育和区域经济社会发展

的关系体现在三个方面：学校创新创业教育依托区域经济社会的发展，区域经济社会发展引导创新创业人才的知识能力结构，创新创业教育促进区域经济社会的可持续发展。构建创新创业教育实践教学体系要体现地方产业结构和社会需求特征，围绕地方创新创业人才的知识能力结构设计实践教学内容，利用区域经济社会资源建立实践教学硬件场所和丰富实践教学真实素材，如选取来自地方生产和管理一线的实践教学案例，服务地方企业的真实实务运作等。

三、融合专业教育和适应岗位需求的原则

学校应树立科学的"创新创业教育观"。创新创业教育本质涵盖专业教育的全部内容，即在专业教育基础上增加专门的创新创业素质教育。将创新创业教育理论和实践教学融入专业理论和实践教学体系，创新创业教育实践教学培养目标符合专业教育培养目标及专业人才培养规格和要求，创新创业教育实践教学内容适应职业岗位群的应用能力和职业技能水平及标准，创新创业实践教学计划和课程与专业实践教学计划和课程体系有机融合，职业素质和创新创业素质得到同步提高。

四、融入理论教学和体现阶梯连续性的原则

学校创新创业教育应建立"做、学、教、考一体化"的教学模式，实现显性课程与隐性课程相结合，专业课程、活动课程与实践课程互动，避免理论教学和实践教学脱节。创新创业教育实践教学要体现出阶梯层次性，体现从感性认知到理性应用的逐步深化，实践教学将贯穿整个大学创新创业教育教学过程中的各个环节和各个阶段，并保证教学过程的各个阶段、各门课程和环节之间的衔接和连续，保持实践教学安排的相对稳定性。

五、注重学生个性和体现学生主体性的原则

学校应结合学生专业背景、知识背景、性格特点和学习动机等个体差异和个性化需求开展创新创业教育，在掌握知识技能的基础上，有针对性地进行个体化的实践教学活动，促进学生的个性发展。创新创业实践教学中转变教师角色，体现学生主体地位，启发学生独立思考，引导学生团队合作，激发学生创新思维，培养学生创新精神和创业能力。

六、利用校内校外和软性硬性资源的原则

学校创新创业实践教学资源分为两种：一是软性资源；二是硬性资源。软性资源即学院团委、学生会、各种协会或中心等社团组织，利用软性资源开展创新创业实践活动，营造学院创新创业氛围，培养学生创新创业能力。硬性资源即学院内可供开展创新创业实践教学的场地、设施、设备以及现有经营主体等，利用硬性资源为学生提供创新创业实践平台，丰富学生的创新创业感性体验。另外，依托专业实践教学内容，充分利用社会资源，建立校企协作关系，形成内外联动的培养模式，让学生为相关企业服务，建立"双赢"的服务体系。

第三节 "创新创业+"人才培养模式实践路径

一、变革人才培养目标，增强创新创业实践意识

以秉承注重素质和文件建设、技术技能实践、服务社会，突出应用创新和文化创意的教育思想作为引领，造就具有高度社会责任感和优秀创新创业能力的高素质技能型专门人才，从而谋求创新创业实践教学新突破，实现人才新跨越，大力推进学创新创业实践人才培养质量，适应时代和社会发展的要求。

二、构建分阶段进阶式的创新创业教育实践体系

以三个课堂阶段为依托，构建一套进阶式的创新创业教育实践培育体系，拓宽学生创新创业视野。

（一）立足第一课堂，培育创新创业实践认识

改革创新创业实践课程设置，面向所有在校生开设《大学生创新理论课》《创业基础课和大学生职业生涯规划课》等课程，与南京市人力资源和社会保障局合作针对烹调工艺与营养专业开设《创业网络课堂（互联网创业、网创项目选择与定位、网络产品规划策略、货源平台采购与财务管理、网络推广与全网营销、网创项目风险分析、网店管理等）》课程。同时依托专业通识课程，如市场营销、成本控制、餐饮管理、连锁经营等课程，通过两类基础课程的开设与知识融合，培育学生对创新创业实践的

认识。

以基础课程为基点，以此建立与烹调工艺与营养专业核心课程和项目单门课程的联系，深入开展校内烹调实训课程、校内综合实训课程，拓展学生对创新创业实践的基本认识，提升学生创新就业的软实力，并最终培育学生良好的自我创新创业实践意识。

校内烹饪实训课程：教师以提升学生专业技能实践能力为目标，编制课程实训大纲、实训教材和指导书，学生依托专业核心课程和项目课程的校内实训课程教学、课程教学资源学习平台（精品课程学习网站）和自主学习平台的学习，提升专业实践技能，拓展创新创业实践基础。

校内综合实训课程：本专业在传授专业知识的过程中，有意识地加强创新创业教育，使学生在上课时潜移默化地增强创新创业意识。以项目课程为主线，在原材料采购、菜肴烹调制作、菜品包装设计、营销推广策划、销售核算等一系列过程中，学生团队完成整个过程的各个环节。期间教师给予指导，通过此实训课程，让学生在课程中，对专业理论与实践的紧密联系、前场与后场的紧密结合、烹调技能与餐饮经营的深度融合有全面的认知，实现学生综合实践能力的提升，拓展了学生的创新创业素质的培育。

（二）立足第二课堂，实施创新创业实践体验

以第二课堂为依托，锻炼与提升学生创新创业实践基本职业品质。通过强化综合性实践和拓展性实践，柔性化教学管理，以导师制主导实践和学生自选项目选题并组织实施实践这两种方式进行创新创业项目（科研）实践体验，让学生在项目（科研）中获得设计、组织、协调等实践技术能力，成为真正参与创新创业项目实践活动各个环节的主体，如大学生实践创新训练计划、美食文化节活动、综合毕业设计及成果展示会、各类纵向横向科研课题研究等。

大学生实践创新训练计划：为了促进学校人才培养模式和教学方法的创新，鼓励和支持大学生积极参与科学研究、技术开发和社会实践等创新创业活动，不断提高大学生的创新创业精神和实践能力，南京旅游职业学院自 2009 年起，便积极申报江苏省大学生实践创新训练计划，立项项目逐年递增。

美食文化节活动：为了彰显烹饪专业特色的优势，强化专业建设，近几年来，烹饪专业设计并实施了每年一届的"校园美食文化节"活动。让学生走出教室、走出厨房，到学校的广场上开设美食宣传与销售活动。其活动内容包括营养知识的推广、面塑与雕刻作品的现场制作与展示、中西菜肴与面点的现场售卖等，重点是让全校师生品尝学生们亲手制作的菜品，感受美食文化。在活动的整体策划下，由烹饪学院设计

大赛背景墙和条幅标语，二年级每个班级搭建敞篷，设计一个主题，打出自己的标语，布置自己的展台。各个班级以小组为单位，每小组制作与销售3～5个菜点品种。专业老师把控菜单的数额和价格，各展台根据班级的专业特点来布置设计，中餐、西餐、中西点心都可彰显自己的特色。美食活动共制作中西菜点80种，在活动展销期间，校园美食广场上场面宏大，人头攒动，购买如潮，全校师生们在品尝美味佳肴的同时，也感受到每个班级的现场服务。这种校园美食节活动，不仅使各班级学生从原料采购、菜单设计、展台布置、菜品销售进行了一场真枪实弹的烹饪技艺训练和比武，也为各班级综合技艺的展示提供了平台。它考量了各班级学生的基本功、创造力和整体水平。最终考核各班各组的原料制作与销售情况，并将每组同学的表现计入学期成绩。

毕业设计及成果展示会：为了提升学生的综合能力，学校通过改革传统的毕业论文形式，跨专业跨班级，打通专业界限，实施团队合作，进行综合毕业设计，包括方案制定、作品（菜肴）设计、成果展示等环节，充分发挥学生的综合实践能力，提升学生创新意识和能力。

学校组织各类创新创业比赛，夯实创新创业苗圃平台。学生是创新创业教育的主体，学校多以参加比赛的形式引导学生，增强学生探索性与研究性学习的能力。学校为学生组织各类创新创业竞赛，如各类创新创业知识竞赛、职业技能大赛等，来锻炼学生的创业创新能力。学校努力创造条件，组织校级比赛获奖的学生参加省级及国家级的相关竞赛，如全国高职高专创新创业大赛、全国职业院校技能大赛、省级大学生职业生涯规划与创业大赛等赛事。依托这些创新创业竞赛，打造创业苗圃平台，强化学生创业激情。

创新创业知识竞赛：学校每年在校内开展创新创业知识竞赛，检测和提升学生的创新创业知识储备能力，同时统一组织学生参加全省的就业创业知识竞赛，学生参赛率高、成绩优异，将竞赛成绩作为学生考核的重要依据。学校2013年、2014年、2015年连续3届荣获全省大学生就业创业知识竞赛"优秀组织奖"。

"成才杯"职业技能大赛：学校积极为学生创造各种职业技能锻炼和展示的平台，以赛促学、以赛促练，提升学生的职业能力。每年在全院范围开展"成才杯"职业技能大赛，实施"人人参与""人人成才"，在形成相对较稳定的比赛项目的基础上，不断创新竞赛项目，开拓综合性竞赛项目。

省级、国家级职业技能大赛：学校在"成才杯"职业技能大赛的基础上，经过层层选拔，参加学校的比赛，优秀选手被推荐参加省级、国家级技能竞赛，效果显著，影响面极大。连续3年获得全国职业技能大赛7个一等奖。

职业生涯规划大赛：以《职业生涯规划与就业创业指导》课程教学为契机，扬弃"以知识体系为导向"的传统课程理念，构建"以生涯能力培养为目标"的课程新理念。通过职业能力测试、规划书撰写、模拟面试、小组讨论等形式多样的教学环节，帮助大一刚入校的新生尽快找准自己的职业角色定位，正确认识客观环境，引导其做好个人职业生涯规划，确立合适的职业理想，制定职业发展的各阶段目标，从而建立了与人才培养体系相得益彰的课程教学体系，增强了教育教学的实效性。以此为基础，积极组织学生参加全省大学生职业生涯规划大赛，自2010年首次参加全省大学生职业规划大赛以来，屡获佳绩，学校连续5年荣获全省大赛"最佳组织奖"，11位同学先后斩获2个专科组总冠军、5个全省"十佳职业规划之星"、5个省级一等奖、2个省级二等奖。特别是2014年，学校荣获江苏省第九届大学生职业规划大赛"最佳组织奖"，1人获全省专科组总冠军，1人获"十佳职业规划之星"，1人获省级二等奖，创造了历史最好成绩，在全省高校中也是遥遥领先。通过大赛的磨砺，鼓励学生积极开展职业生涯规划，找准职业发展目标。

同时定期邀请或访谈社会知名酒店餐饮类企业、专家学者和事业成功的校友，参与创新创业论坛报告会和交流会，通过他们自身丰富、生动的实例，解答学生的疑问，激发学生创新创业的激情，拓宽学生创新创业的视野和思维空间。

开展各类与创新创业相关的活动，如名厨访谈、南旅大讲堂、创业论坛讲座和创业典型案例宣传等活动，激发大学生创新灵感和创业热情，培养大学生创新创业素质，训练其创新思维能力，营造校园创业环境和氛围，引领大学生开展创新创业的热潮。

名厨访谈：由烹饪与营养学院组织在校生对行业内富有影响力的餐饮企业创始人、五星级酒店行政总厨进行访谈，让采访者真切感受到创业的环境与发展历程，并将访谈内容与校内同学分享。

南旅大讲堂：学校开展南旅大讲堂，在新生进校之初，将就业创业教育作为入学教育的重要组成部分，邀请创新创业成功人士、杰出校友来校演讲，让新生一进校就对大学生创新创业有初步的了解。大一第一学期，通过举办创新创业基础知识讲座，对新生进行普及性创新创业教育，激发同学们的创新创业意识。同时各学期定期通过举办讲座、沙龙等形式，增进创新创业者与在校生的交流互动，培养学生的创新创业意识，了解创业前应进行的知识与经验准备。

由团委、学生会牵头，建立创新创业学生社团，发挥社团教育功能。通过创新创业社团的各种活动，将专业知识与社会实践结合起来，充分发挥社团的渗透作用，使之成为创新创业实践教学的第二课堂，如创越协会、江南小天厨、创意工作坊、创新创业沙龙俱乐部、创新创业校友协会社团、创新烹饪工艺美术品制作社团等。开展形式多样的社团活动，可引发学生创新创业火花、激发学生创新创业灵感、培养学生创新创业意识。创新创业学生社团还可向校外商业单位以拉"赞助"的形式推广学校的各类活动，如运动会、校园歌唱比赛、演讲比赛、辩论赛、工装大赛等活动，培养学生的合作与管理能力，增强创业基础能力。

创越协会——大学生创新创业平台：由烹饪学院在校生组建的社团，主要为高星级饭店、餐饮企业提供勤工俭学的学生，以获取企业资金支持，帮助社团发展壮大。同时，也让勤工俭学的学生尽早接触企业，增强自身专业技能，培养创新意识，了解企业创业的过程。

江南小天厨——创新创业兴趣小组：为了激发学生的学习兴趣，拓展学生的实践能力，自 2010 年始，南京旅游职业学院创建了"江南小天厨"社团，利用学生课外时间，积极开展雕刻、面塑、花色冷拼、拉面、巧克力造型、包饼塑形等一系列烹饪兴趣小组的第二课堂教学活动。学生根据自己的兴趣爱好自行报名、自行组织烹饪兴趣班，学院根据学生的情况协助设计教学方案、选聘指导教师（或是学院专业教师，或是酒店行业技能专才，或是技能优秀的学生人才等）。烹饪兴趣班活动每周一次，教学目的明确，教学效果考核成绩均纳入学生操行学分。通过几年的实践，教学成果显著，同时丰富了烹饪专业的实践内涵，强化了学生的动手实操能力，拓展了专业技能，提升了学院烹饪类专业学生的就业竞争力。同时社团为高星级饭店、餐饮企业提供订单式服务与产品，如面塑、菜肴加工、菜品开发等，企业给学生提供了技能实践的平台，培养了学生的创新创业意识。

（三）立足第三课堂，实施创新创业实践培育

创新创业实践教育的基本点在于对社会实践的认同。在创新创业实践人才的培养过程中，应以在高校间开展创新创业计划竞赛、校企创新创业实践基地、创新创业孵化基地等多种方式打造实践平台，从而引导与催化学生获得实际创业技能，强化实践动手操作和解决实际问题的能力，让学生与教师共同打造服务平台，创办企业，如中国好厨师网、微商推广服务平台。

中国好厨师网。这是由烹饪学院高志斌老师带领学生打造的专业网站，其目的是推介国内知名烹饪大师，推广名菜小吃制作工艺，为餐饮企业、求职者提供各类资讯，为餐饮企业创业提供咨询诊断。目前，已成为业内有一定影响力的专业咨询网站。学生通过网站的运营，实现了各类行业实践知识的储备基础。

微商推广服务平台。这是由师生共同打造的平台，通过收取加盟微店的适当费用，为饭店进行包装、管理与推广，给饭店经营者提供建议与咨询，从而形成南京地区小微餐饮企业联盟。学生合理利用课余时间，加盟品牌企业业务推广，并通过企业开展的一系列成熟的商业品牌策划、营销等活动，达到锻炼自身创新创业实践能力的目的，如饭店"柚丁"。

饭店"柚丁"。学生团队通过加盟餐饮企业，建立并运营自己的饭店"柚丁"，专为南京中心城区白领职员提供下午茶及简餐服务，属于小微企业创业的典型。依托学

校御冠教学酒店和实践基地，打造学校创新创业孵化基地，利用此类基地，提供学生创新创业空间，实施创新创业实战，如"研磨时光"咖啡生活馆。

"研磨时光"咖啡生活馆。依托酒店实训室，学生社团打造"研磨时光"咖啡生活馆，通过选材、加工、研磨、调酒、营销等环节，充分锻炼学生的策划设计、经营管理、营销推广能力，提升学生的创新创业实战能力。学校与企业深度合作，深入开展现代学徒制探索，校企共建创新创业实践基地，共同提升学生的创新创业能力，如蓝蛙精英班。同时利用校外基地优势，建立校外顶岗实践研修基地，进一步拓展学生的实践能力和创新创业实战能力，特别是充分利用杰出的校友与合作企业资源，通过请进来与走出去，在校内搭建创业培训平台，在校外建立了创新创业教育实训基地，定期组织学生到企业考察、交流，了解企业创始过程，体验真实的创业场景。如境内的南京奶酪时光餐饮公司实践基地、无锡亚马逊餐饮公司实践基地、南京美丽心情食品公司实践基地等，以及境外的美国、迪拜、日本、中国港澳台等多个国家（地区）的实践基地。

蓝蛙精英班。此班级是烹饪学院与蓝蛙餐饮公司不断深化校企合作的结果，从最初的实习、就业合作，到组建蓝蛙精英班，再到现代学徒制培养模式的探索。实现了校企共同授课、共同开发教材，尝试了校内课程标准与企业岗位标准的对接，学生在校期间即可赴企业兼职，实习、就业均实现定向输送，使学生对餐饮企业经营管理的认知不断深化，为今后自主创业打下坚实的基础。

第四节 "创新创业+"人才培养模式实践基地和平台建设构建

一、完善校内实训基地建设

完善实训基地功能，提升实训基地档次和硬件建设。继续打造实现实训中心职业技能运用、职业能力训练和职业素质培养的主要职能，继续开设面向行业的实训课程，同时承担各种以模拟实际职业环境的训练方式进行的培训，缩短学生就业前与企业岗位技能要求的差距，提升学生的创新创业实践能力，满足多层次人才实训的需求。

二、打造校内创新创业教育实践平台和载体

创新创业教育实践的困难在于为学生营造客观、真实的创新创业实践环境，提供

大学生能够真正地从事创新创业的有效平台和载体。为满足大学生创新创业实践的客观需求，统筹规划校园空间布局，优化设计三大功能区域。一是规划整修校园内沿街部分商铺、部分活动中心、部分食堂区域，作为大学生开展实体店铺创业与实践辅导的功能区；二是将学校体育馆和图书馆部分空间改造设计成大学生创新创业实践活动中心，作为大学生开展创新创业培训和创业沙龙的功能区；三是利用学校实训楼和御冠教学酒店，通过对实训楼现有使用空间的调整和御冠酒店创新创业服务中心的空间利用，作为大学生从事管理服务咨询与开展创新创业的功能区。三大功能区域不仅注重基础条件建设和环境布置，更强化服务功能作用和教育引导，重在为学生搭建真实的创新创业实践平台。

三、构建创新创业孵化扶持体系

创新创业教育实践贵在完善学生创新和创业的创新创业扶持体系，提供学生创新和创业的制度保障。依托学校教学酒店，成立创新创业指导中心，并专门设立大学生创新创业扶持基金，通过对创新创业项目的遴选、孵化、扶持、跟进、指导，使创新创业项目从萌芽、发展，直至壮大，有了一定的市场竞争力，创新创业项目才能健康、持续地发展。

创新创业内容涵盖技术研发、文化创意及商务服务等领域：通过项目负责人申报、组织专家对申报项目进行遴选的方式决定最终入选的扶持项目，项目负责人都由学生担任，学生组织团队，写策划书、申报书等，负责人需依次对项目创意、团队组织、市场评估、营销策划及运行现状等内容进行介绍和展示，专家评审认真听取项目汇报，并对照评分标准给予项目评级，遴选优秀项目入选扶持项目，项目入选以后，需为学生提供创新创业环境，充分发挥学生的创新创业才能。

学校不仅为在校大学生创新创业团队提供创新创业所需的创新创业场所方面的"硬条件"，而且为在校大学生创新创业团队提供资金、项目、指导和管理方面的"软服务"。

四、搭建学生校外"众创空间"平台

利用校企合作的资源优势，搭建创新创业教育"众创空间"平台，为学生提供可持续的创新创业发展空间。通过校企合作优势的互补，依托深度合作平台的作用，与企业建立"紧密型"合作关系，广泛建立校外创新创业实践基地。通过校企合作基础为学生拓展专业实践空间和创新创业实践视野，使学生奠定坚实的专业知识、职业素养和创新创业能力。与合作企业建立校企合作创新教学工场。校企合作创新教学工场是学生与企业互通"耦合"的创新载体,其组成结构单元是:以学生为主体、教师为指导的"虚拟项目"和社会真实项目。在校企合作创新教学工场中,学生"虚拟公司"的创业实践可以和学业学分挂钩,参加创业实训项目的学生可以获得相应免修课程的资格,真正实现"教学"与"创新创业"的有机耦合。

参考文献

[1] 贾孝魁. 网络环境背景下大学生创新创业教育模式研究 [J]. 湖北开放职业学院学报，2022，35（18）：1-2＋5.

[2] 董英帅，曲嘉瑄. "互联网＋"时代大学生创新创业教育模式研究 [J]. 产业创新研究，2022（16）：179-181.

[3] 张志慧. 高职电子商务专业学生创新创业教育模式研究——评《化工行业大学生创新创业基础教程》[J]. 塑料工业，2022，50（08）：190.

[4] 苏伟. 专创融合：大学生创新创业教育的新模式 [J]. 青少年学刊，2022（04）：36-40.

[5] 刘海龙. "互联网＋"时代高职大学生创新创业教育模式研究与探索 [J]. 陕西教育（高教），2022（07）：70-71.

[6] 刘小俊. 基于"四融一体"的高职院校大学生创新创业教育模式研究 [J]. 职业技术，2022，21（07）：42-47.

[7] 张惠. "互联网＋"时代下大学生创新创业教育新模式的构建 [J]. 创新创业理论研究与实践，2022，5（02）：111-113.

[8] 钱继兵. 高校大学生创新创业教育中的新思维能力提升策略——评《大学生创新创业教育新模式研究》[J]. 热带作物学报，2021，42（12）：3744.

[9] 尹妮. 广西民办本科院校大学生创新创业教育模式探析 [J]. 文化创新比较研究，2021，5（31）：77-80.

[10] 徐彦. 融入工业文化的大学生创新创业教育新模式探讨 [J]. 文化产业，2021（30）：135-137.

[11] 吴媛媛. "互联网＋"背景下大学生创新创业教育模式研究 [J]. 湖北开放职业学院学报，2021，34（20）：3-4.

[12] 黄文，李文. 后疫情时代大学生创新创业教育新模式研究 [J]. 中国现代教育装备，2021（15）：141-143.

[13] 吴丽娟，伍利. 基于创新创业能力培养的大学生信息素养教育模式研究 [J]. 内蒙古科技与经济，2021（12）：34-35.

[14] 王颖. 基于 TRIZ 的财会专业大学生创新创业教育模式研究 [J]. 科教文汇（中旬刊），2021（01）：23-24.

［15］ 周学兵.“互联网＋”时代大学生创新创业教育新模式［J］.营销界，2021（03）：31-32.

［16］ 吴小童，张恒瑞，孙智琳，等.“互联网＋”时代大学生创新创业教育模式研究［J］.科学咨询（教育科研），2021（01）：66-67.

［17］ 郁清清，舒威.校企合作新模式下大学生创新创业教育探索［J］.安徽电子信息职业技术学院学报，2020，19（06）：90-93.

［18］ 樊熙梦.大学生创新创业教育模式研究［D］.吉林大学，2019.

［19］ 向春霞.一流大学建设高校创新创业教育模式探析［D］.华中科技大学，2019.

［20］ 刘荣.当代中国美术院校的创新创业教育模式探索［D］.西安美术学院，2017.